_____ 님께

주후   년   월   일

_____ 드림

기독교 교육총서 21

정보화 시대의
기독교 어린이 교육

김희자 교수

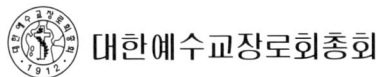
대한예수교장로회총회

서 문

　기독교 교육학자이기 전에 두 아이의 엄마로서 이 글을 썼다. 지금은 두 아이들이 모두 대학생과 고등 학생이 되었지만, 엄마의 머리와 가슴에는 아기 때부터 어린이, 그리고 사춘기의 학생이 될 때까지의 많은 순간들이 파워포인트의 슬라이드같이 각인되어 있다. 엄청난 진통 후에 갓 태어난 첫아이를 가슴에 안았을 때의 환희와 말로 할 수 없는 감사의 탄성을 창조주 하나님께 드렸던 순간, 유아세례를 받았을 때, 첫 말을 했을 때, 처음 걸음마를 하였을 때, 두 아이가 함께 수두를 하여 얼굴에 열꽃을 달고 있었을 때, 아들과 본 첫 번째 영화인 '아마데우스'를 함께 보았을 때, 그리고 많은 입학식과 졸업식 등 글로 열거할 수 없는 많은 순간들의 기쁨, 감동, 때로는 안타까움까지 모든 것을 기억하며 이 글을 썼다. 우리 부모들도 이러한 기쁨과 환희 그리고 안타까움이 있을진대, 이들을 창조하시고 보기에 매우 좋아하셨던 우리 하나님은 어떠하셨을까를 생각하며 이 글을 썼다. 그리고 "……네 하나님 여호와를 사랑하라……네 자녀에게 부지런히 가르치며……"(신 6:4~7)와 "우리가 이를 그 자손에게 숨기지 아니하고 여호와의 영예와 그 능력과 기이한 사적을 후대에 전하리로다"(시 78:4)에서 보듯이 하나님께서는 우리가 우리의 자녀와 후손들에게 하나님의 말씀에 근거하여 가르치는 것을 가장 좋아하신다.

'성경 시대와 다른 오늘의 급변하는 21세기에 어린이를 어떻게 가르쳐야 할 것인가?' 라는 질문은 오늘을 사는 신실한 부모와 교회의 지도자 그리고 교사에게 커다란 도전이다. 과거에는 어른이나 부모가 지식을 소유하고, 또 지식에 접근하는 방법 또한 어른들의 몫이었으나, 이제 정보화 시대에는 지식에 접근하고 분배할 수 있는 능력이 어린이의 몫으로 많이 전이되었다. '이렇게 가르치는 역할이 전이되고 있는 상황과 급변하는 사회에 익숙한 어린이들에게 어떻게 불변하신 하나님의 말씀을 가르칠 수 있을까?' 를 많이 생각했다.

　이 책에서는 오늘날의 어린이를 이해하기 위하여 어린이들의 사회적 상황과 더불어 연령에 따른 발달을 정신적·도덕적·신앙적으로 분류하여 설명하였고, 어린이를 위한 교수–학습 방법과, 특별히 정보화 시대에 필요한 미디어 교육과 미디어 활용에 대한 것을 설명하였으며, 마지막으로 어린이에게 가장 중요한 교육 기제인 가정 교육에 대하여 서술하였다. 결국 어린이들을 하나님 나라의 귀중한 구성원으로 교육할 수 있는 것은 그리스도의 마음과 가슴을 가지고 하는 것임을 밝혔다. 아프리카의 속담에 "한 어린이를 교육하기 위해서는 온 마을의 정성이 필요하다"(It takes a whole village to raise one child)라는 말이 있다고 한다. 어린이를 하나님의 자녀로 교육하는 일은 교회와 가정 등 모든 신앙 공동체가 협력하여 정성을 들여야 하는 공동의 작업이다.

　이 책이 나오기까지 원고를 정리하여 준 나의 세 제자; 초등학생인 두 아이의 엄마로서 박사 과정에 있는 김경란 전도사, 유아원생 아들을 둔 이수경 전도사, 목사를 아버지로 두고 아름답게 자란 권지영 조교에게 감사드린다. 나에게 기독교 교육의 비전을 확실하게 보게 해준 나의 두 아들 대진과 대현 그리고 부모 됨의 기쁨을 함께 나누어 온 남편 장용호 교수에게 고마운 마음을 전한다. 그리고 이 모든 것을 가능하게 하신 하나님께 영광과 존귀를 돌린다.

차 례

1장 피폐해져 가는 어린이 교육
어린이의 시대 · 13
어린이가 상실되어 가는 시대 · 14
피폐해져 가는 어린이 교육 · 15

2장 기독교 어린이 교육에 대한 이해
어린이에 대한 이해 · 21
어린이 교육의 중요성 · 23
어린이 교육의 목적과 목표 · 24

3장 어린이의 발달 이해
발달 이해의 필요 · 33
저학년 어린이의 발달 이해(1~3학년) · 35
고학년 어린이의 발달 이해(4~6학년) · 42

4장 어린이와 신앙 발달
신앙 발달 이해의 필요성 · 53
어린이와 신학적 개념 · 54
신학적 개념 형성에 영향을 주는 요인 · 55
피아제의 인지적 발달 단계 · 56
구체적 조작기의 어린이들 · 58
어린이의 신학적 개념 형성을 돕기 위해서 · 63
어린이의 도덕 발달 · 64
신앙 발달의 단계 · 66
어린이와 복음 · 68

5장 교수-학습 과정
교수(teaching)란 무엇인가? • 75
교수의 구성 요소 • 76
학습이란 무엇인가? • 85
교수-학습 계획(교안 작성) • 91

6장 어린이 교육의 방법론
예수님의 교육 방법 • 97
어린이 발달 이해와 교육 방법 • 102
방법 선택의 원칙들 • 103
다양한 교수 방법들 • 108

7장 어린이 교육과 가정
가정 교육의 중요성 • 121
성경적인 근거 • 123
가정에서의 기독교 교육 • 127
가정을 돕는 교회 • 130

8장 어린이 교육과 미디어
미디어 시대 • 139
미디어에 대한 올바른 이해 • 140
기독교와 미디어 • 143
미디어 교육의 중요성 • 145
미디어 교육의 실제 • 147
가정과 교회의 회복 • 156

9장 그리스도의 사랑으로

표 차례

〈표 1〉 어린이 교육의 목표 ······················· 27
〈표 2〉 저학년 어린이의 신체적 발달 ················ 40
〈표 3〉 저학년 어린이의 지적 발달 ·················· 40
〈표 4〉 저학년 어린이의 사회적 발달 ················ 41
〈표 5〉 저학년 어린이의 정서적 발달 ················ 41
〈표 6〉 저학년 어린이의 영적 발달 ·················· 42
〈표 7〉 고학년 어린이의 신체적 발달 ················ 46
〈표 8〉 고학년 어린이의 지적 발달 ·················· 47
〈표 9〉 고학년 어린이의 사회적 발달 ················ 47
〈표 10〉 고학년 어린이의 정서적 발달 ··············· 48
〈표 11〉 고학년 어린이의 영적 발달 ················· 48
〈표 12〉 초등 학교 어린이들이 가져야 할 신학적 개념 ········ 61
〈표 13〉 수업 전과 수업 후의 교사의 생각 ············ 82
〈표 14〉 학습 결과의 평가 기준 ····················· 83
〈표 15〉 학습 과정 ································ 87
〈표 16〉 교수-학습 지도안 ·························· 94
〈표 17〉 질문을 위한 지침 ·························· 99
〈표 18〉 TV 유용론과 TV 유해론 ··················· 151
〈표 19〉 미디어 일기의 예 ························· 157

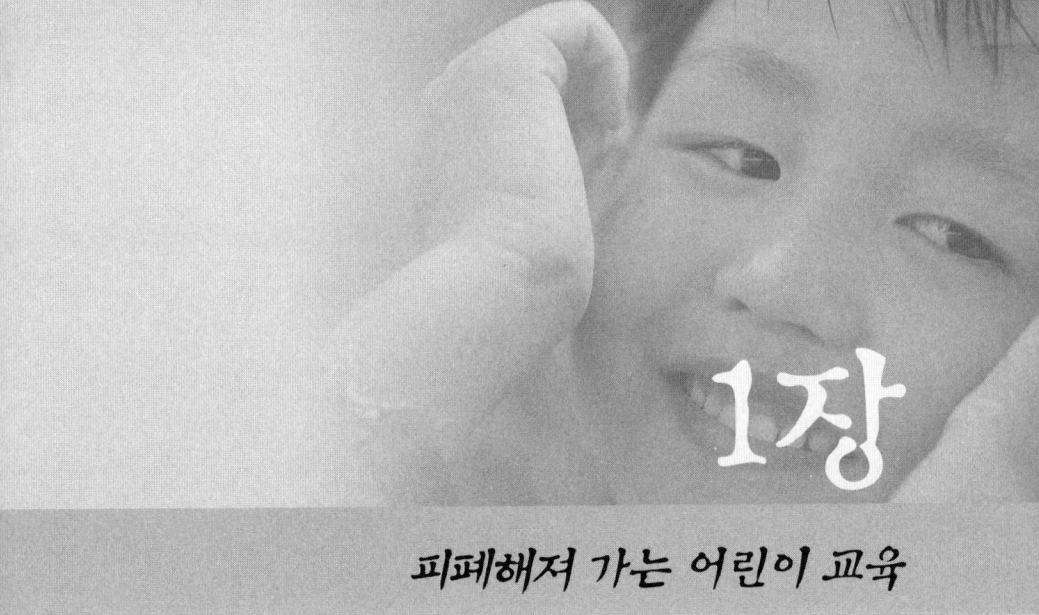

1장

피폐해져 가는 어린이 교육

이와 같이 이 소자 중에 하나라도 잃어지는 것은
하늘에 계신 너희 아버지의 뜻이 아니니라
(마태복음 18장 14절)

어린이의 시대

 현대는 어린이의 시대라고 해도 과언이 아니다. 특히 한국 사회는 더욱 그러하다. 핵가족이 보편화되고, 각 가정마다 자녀의 수가 한 명 또는 두 명 정도로 적어지면서 각 가정에서 어린이는 가장 중요한 가정 구성원이 되었다. 가정에서 귀하게 자란 어린이들이 가지는 문제들이 왕자병, 공주병 등으로 불리며 사회 전반에 퍼져 있다. 또한 어린이는 이미 커다란 소비 능력을 지니고 있음이 증명되어, 어린이를 주 대상으로 하는 많은 상품들이 개발되어 판매되고 있다.
 어떤 부모는 자녀가 원하는 것을 사주는 것에서 한 걸음 더 나아가 자녀가 원하는 것을 마음대로 살 수 있을 정도의 용돈을 주는 경우도 볼 수 있다. 자녀의 교육을 위해 부모가 맞벌이를 하는 경우도 쉽게 볼 수 있다. 자녀의 사교육비를 벌기 위해 파출부 등의 힘든 일도 마다하지 않는 어머니의 모습은 우리 사회에서 익숙한 모습 중 하나다. 한 걸음 더 나아가, 자녀의 외국 유학을 위해 어머니가 자녀와 함께 외국에 나가고, 아버지는 한국에서 직장 생활로 돈을 벌어 자녀에게 보내주는 일명 '기러기 아빠'의 가정이 사회 문제가 되어 사회적 물의를 일으키는 한 요인이 되기도 하였다.
 어린이들이 사람 명수에 속하지도 않았던 예수님의 시대나, 혹은 어린이가 너무 천대받는 현실을 고쳐 보고자 '어린이'라는 명칭을 만들고 어린이날을 제정하였던 방정환 선생의 시대는 요즘의 어린이들이 전혀 실감할 수 없는 옛 이야기가 되어 버린 지 오래다. 우리 사회에서 가장 영향력이 큰 그룹 중의 하나가 어린이이며, 가장 귀하게 여김을 받는 연령층도 어린이라는 것은 어느 누구도 부인할 수 없을 것이다.

어린이가 상실되어 가는 시대

위에서 살펴본 바와 같이 오늘날 한국 사회는 어린이가 귀하게 대접받고 큰 영향력을 발휘하는 사회이지만, 반면에 어린이가 상실되어 가는 사회이기도 하다. 현대는 어린이가 어린이다움을 잃어 가는 시대이기 때문이다. 어려서부터 많은 교육을 강요받고 있는 어린이들은 맘껏 뛰어놀 시간을 가지지 못한 채 학교와 학원들을 전전하며 하루하루를 보내고 있는 실정이다. 동네 놀이터에 노는 어린이들이 없어 친구를 사귀기 위해 학원에 가야 한다는 말이 있을 정도이다. 집에 돌아와도 반겨 주는 사람이 없어서 현관 열쇠를 목걸이로 만들어 차고 다니는 어린이도 볼 수 있다.

어린이다운 순수한 모습과 꿈으로 가득 찬 모습도 찾아보기 어렵다. 일찍부터 접하는 대중 매체의 영향으로 어린이들은 순수한 모습을 잃어버린 채 작은 성인의 모습으로 살아가기 일쑤이다. 어린이들 가운데서 소비 지향적이고 개인적인 모습도 쉽게 찾아볼 수 있다. 뿐만 아니라 어린이의 가장 큰 특징이라고 할 수 있는 꿈을 잃어버린 어린이들이 많다는 것 역시 가슴 아픈 현실이다. 성인이 되어 어떠한 일을 하고 싶은지에 대해 꿈을 꾸고 계획하는 시간을 갖지 못한 채 '일등병'에만 시달려서 단순한 입시 위주의 교육으로 멍들어 가는 것이 요즘 어린이의 실태이기 때문이다.

학교가 제 역할을 제대로 하고 있지 못하다는 것 또한 이 시대의 어린이들로 하여금 어린이다움을 잃게 하는 큰 요인 중의 하나이다. 사교육이 활성화되면서 학교 교육은 그 중요성을 점차 잃어 가고 있으며, 입시 위주의 사회 풍토로 인하여, 학교에서 말하는 전인 교육이 한낱 구호에 지나지 않은 모습을 보여 주었다. 또한 교사의 권위도 빛을 잃어, 촌지와 학생 체벌 등 많은 실제적인 문제점들이 나타나고 있는 실정이다. 초등 학교에서조차 친구들을 따돌리는 '왕따 현상'으로 가해자와 피해자 어린이 모두 멍들어 가고 있는 실정이다.

인터넷의 활성화로 인한 많은 폐해들도 속출하고 있다. 최근 발표된 미성년자에 대한 성범죄 실태를 보면 초등 학생을 대상으로 한 원조 교제가 꽤 많은 비중을 차지하고 있는 것을 볼 수 있는데, 그 매개체로 사용되는 것이 인터넷이다.

또한 미혼모, 이혼, 재혼 등의 문제로 어려움을 겪는 어린이도 많이 늘어났다. 부모의 이혼으로 갈 곳이 없어져서 보육 시설에 맡겨지는 어린이들이 늘어나고 있으며, 편부, 편모 또는 재혼 가정에서의 어린이 문제가 사회 이슈가 되어 가고 있다.

이처럼 이 사회는 어린이가 어린이답게 자라나도록 돕기보다는 어린이다움을 상실하도록 만드는 많은 문제들을 지니고 있으며, 어린이들은 그 피해자가 되고 있는 실정이다.

피폐해져 가는 어린이 교육

어린이다움을 잃어 가는 사회 현실과 더불어 더욱 가슴 아픈 것은 교회의 어린이 교육이 피폐해져 가고 있다는 사실이다. 사회적으로 어린이 교육을 중시하는 풍토가 일어남과 동시에 18세기 주일학교 운동을 계기로 교회의 어린이 교육은 계속 강조되어 왔다. 사실 이러한 어린이 주일학교 교육은 교회의 성장에 큰 몫을 담당하여 왔다고 할 수 있다. 교회의 어린이 교육은 일반 교육을 훨씬 앞서 나갔으며, 어린이들은 교회에서 재미와 교육적인 효과라는 두 마리의 토끼를 잡을 수 있었다.

그러나 현재 한국 교회의 어린이 숫자는 날로 감소 추세를 보이고 있고, 어린이들은 교회의 신앙 교육을 재미없는 것으로 여기고 있는 실정이다. 주일학교 교육의 중요성을 인식하고 노력하는 교회가 많지 않으며, 그로 인하여 교회의 어린이 교육의 질은 빠르게 변화하는 사회와 어린이의 모습을 따라잡지 못하고 있다. 교회의 어린이 교육을 담당하고 있는 지도자나 교사들 사이에서도 자신들의 노력이 이전만큼 의미를 지니지 못하고 있는 것을 용인하는 분위기로 치닫고 있는 듯하다.

또한 한국 교회는 서구 교회의 모습에서 이미 나타났었던 교회의 노령화 현상이 나타나는 위기에 처해 있다. 장년 교인의 숫자에 비해 청년과 청소년, 특히 어린이 숫자의 비율이 점차 줄어들고 있는 실정이다. 물론 교육에 관심 있는 몇몇 교회들은 어린이 교육에 많은 투자와 노력을 하고 있고, 그에 따른 좋은 결과들 역시 얻고 있지만 그것은 매우 소수이고, 대부분의 교회 어린이 교육은 열악한 교육 환경과 교회의 무관심 속에 시들어 가고 있는 실정이다. 사회에서 어린이다운 대접을 받지 못하는 이 시대의 어린이들이 교회에서조차 어린이다운 대접을 받지 못하고 있는 것이다.

이러한 현실을 바라보며, 어린이를 특별히 사랑하셨던 예수님의 모습을 기억해 보지 않을 수 없다. 당시 어린이가 사람을 헤아리는 수에도 들지 못할 만큼 천대받던 시대에 예수님께서는 어린이들을 영접하여 저희 위에 안수해 주셨다. 어린이들이 내게로 오는 것을 막지 말라고 하셨고, 심지어 어린이와 같지 않으면 천국에 들어갈 수 없다고까지 말씀하셨다. 어린이에 대한 예수님의 태도는 당시에는 매우 파격적인 것이었다. 하나님의 아들이시면서 우리를 위해 이 땅에 오셨던 예수님께서는 성인으로 오시지 않고 어린 아기로 태어나셔서 어린 시절을 겪으셨으며, 또한 그토록 어린이를 사랑하셨던 것이다. 기독교인으로 산다는 것은 예수 그리스도의 제자로 살아간다는 것이다. 제자는 선생 되신 예수님이 하셨던 것을 그대로 본받는 삶을 살아야 할 것이다. 현대 교회는 어린이를 사랑하셨던 예수님을 본받을 필요가 있다. 우리에게 맡겨진 어린이들이 하나님의 선물임을 깨닫고, 신앙으로 잘 양육해야 할 책임을 잊지 말아야 할 것이다. 하나님께서는 어린이를 한 명이라도 잃게 되는 것을 원하시지 않기 때문이다.

 생각해 볼 문제

1. 본인이 맡고 있는 어린이들의 평일의 시간표를 그려 보고, 어린이다움을 상실해 가는 상황에 대해 동료 교사들과 함께 이야기를 나누어 보세요.

2. 본인이 속해 있는 교회에서 성인 교인의 숫자와 어린이의 숫자를 알아보고, 피라미드 형태인지 아니면 역피라미드 형태인지 점검해 보세요.

2장

기독교 어린이 교육에 대한 이해

어린아이들의 내게 오는 것을 용납하고 금하지 말라
하나님의 나라가 이런 자의 것이니라(마가복음 10장 14절 하)

어린이에 대한 이해

한국 교회는 어린이 교육과 함께 부흥, 발전되어 왔다. 어린이 교육이 없었다면 한국 교회는 지금의 모습을 가지고 있지 못할 것이다. 그럼에도 불구하고 오늘날 어린이 교육은 교회에서 확고한 위치를 차지하지 못하고 있으며, 아직까지도 그 중요성을 명확하게 인식하지 못하는 어른들에 의해 무시되고 있는 경우가 많다. 그것은 어린이가 어떠한 존재인지, 하나님께서는 어린이를 어떻게 생각하시는지에 대한 이해의 부족에서 기인한다. 비기독교적인 견해를 가진 일반 교육은 어린이의 존재를 진화된 생존의 산물과 환경적인 조건화의 결과로 여긴다. 실용주의자들은 인간을 자신의 현재 경험을 확대할 수 있는 능력을 지닌 행동하는 개체라 간주하며, 행동주의자들은 인간은 기계여서 다른 사람을 조작할 수 있는, 사람의 의사에 따라 조작될 수 있는 존재라고 본다. 또한 실존주의자들은 인간이란 자신의 삶을 스스로 건축할 수 있는 자율적인 개인이라 상정한다. 그 어느 것 하나 어린이의 존재를 분명하게 기술하지 못하며, 어린이를 정확하게 이해하지 못한다. 어린이에 대한 성경적이며 올바른 이해가 필요한 까닭이 여기에 있다. 어린이를 올바로 이해한다면 어린이 교육이 무엇이며, 왜 필요하며, 어떻게 이루어져야 하는지에 대한 통찰을 얻을 수 있을 것이다.

첫째, 어린이는 하나님께서 주신 선물이다. 성경은 어린이를 하나님의 자녀라고 말씀하며, 부모에게 하나님의 자녀를 가르치라고 명령하고 있다. 창세기 1장 27절의 "하나님이 자기 형상 곧 하나님의 형상대로 사람을 창조하시되 남자와 여자를 창조하시고"라는 말씀은 어린이의 존재가 위에서부터 난 자임을 말하는 것으로서, 어린이는 하나님의 창조물임을 나타내는 말씀이다. 인간은 하나님과 교제를 하도록 만들어진 피조물이며 하나님의 형상이라는 말은 인간으로서의 본질적인 모든 것을 의미한다. 어린이가 하나님의 자녀이며, 부모 또는 교사들에게 주신 하나님의 선물이라는 사실은 어린이들의 독특한 위치와 가치를 말해 주는 것이다. 어린이는 자신이 누구이며, 선택할 수 있는 능력을 가지며, 중요하고, 용납되며, 자신이 가치가 있다는 것을 알아야 한다. 이러한 어린이는 자신을 사랑하고 용납하며, 더 나아가 자신의 이웃을 사랑하고 용납하는 공동체성을 지니게 된다. 부모 혹은 교사는 두려운 마음을 가지고 어린이들을 대해야 한다. 하나님께서 맡겨 주신 선물로서 어린이들을 바라보며, 하나님의 자녀다운 모습으로 자라나도록 양육하는 데 힘써야 할 것이다.

둘째, 어린이는 죄로 타락한 존재이다. 극단적인 인본주의자 니일(A.S.Niell)은 어린이를 선한 존재로 보고, 자신이 설립한 학교인 섬머힐에서 거의 완벽할 정도의 자유를 어린이들에게 허용하였다. 반대로 행동주의자들과 인본주의자들은 어린이를 중립적인 존재로 본다. 어린이는 자신이 처한 그때그때의 환경이나 상황에 따라 결정된다고 믿으며, 본래적인 선함이나 악함이 어린이의 행동을 미리 결정하지 못한다는 것이다. 그러나 성경은 인간이 모두 죄인이며, 의인은 없다고 말씀한다. 인간은 타락함으로 말미암아 악하고 나쁜 사고와 행위를 하는 경향을 지니고 있다. 어린이 역시 예외는 아니다. 어린이 역시 죄로 타락한 존재임을 올바로 인식하는 것이 필요하다.

셋째, 어린이는 예수 그리스도께서 피로 값 주고 사신 존재로서 하나님의 백성이다. 모든 인간이 죄인이므로 모든 인간에게는 예수 그리스도가 필요하다. 어린이들 역시 예수 그리스도의 죽음으로 인한 구속과 부활을 통한 영생을 믿을 때 하나님의 자녀가 된다. 어린이도 동일하게 그리스도 안에서 새로운 피조물이 되어야 하는 것이다. 흔히 어린이들에게 복음을 제시하지 않는 경우를 보는데, 이는 매우 잘못된 것이다. 어린이들 역시 자신들이 죄인임을 인식하고 예수 그리스도를 주라 시인하여 하나님의 백성이 되어야 하는 존재인 것이다. 특히 어린이는 이 세상과 후대의 상속자이자 다스리는 자이기도 하다. 하나님께서는 오는 세대에게 자신이 창조하신 이 세상을 다스리고 관리하도록 권한을 부여하셨다. 따라서 어린이들은 이 세상에서나 미래에 하나님 나라를 이끌고 갈 주인공인 것이다.

어린이 교육의 중요성

어린이 교육의 중요성은 일차적으로 어린이가 하나님의 자녀이며 우리에게 맡겨진 선물이라는 데에 있다. 특히 어린이 시기는 인생의 다른 어느 시기보다 중요한 시기이며 그들의 삶이 좌우될 수 있는 시기이므로 이 시기의 교육은 다른 어느 시기보다 더욱 효과적이라 볼 수 있다. 어린이는 하나님께 개방되어 있다. 어린이는 마치 스폰지와 같이 주위의 모든 것을 흡수하고 배운다. 또한 평생의 가치관의 방향이 아동기에 결정된다. 어린이 교육의 중요성이 여기에 있다. 아동기에 하나님께 대해 배우고 삶을 헌신하였다면, 그것은 그의 인생 전반을 다스리는 기준이 될 것이다. 만일 어린이 시기에 하나님께 대해 배우지 못하고 비기독교적인 세계관을 받아들이게 되었다면, 그는 하나님을 영접하고 기독교인으로 중생하는 데에 많은 장벽과 어려움을 겪어야 할 것이다. 가장 효율적인 기독교 교육을 하고 싶다면 어린이에게로 관심을 집중해야 한다. 균형 잡힌 올바른 기독교인을 양육하고 싶다면 아동기를 놓쳐서는 안 되는 것이다.

특히 어린이에게는 무엇보다 가정이 소중하다. 어린이는 가정에서 사랑과 신뢰를 배우며, 부모의 모습을 통하여 하나님을 배운다. 그렇기 때문에 어린이 교육은 항상 가정과 교회에서의 교육이 함께 병행되어야 한다. 하지만 올바른 기독교 가정의 모습을 갖고 있지 못한 가정의 어린이일 경우에는 교회가 가정의 역할을 대신해야 할 것이다. 교회는 하나님의 가정이다. 교회는 기독교 가정의 어린이건 혹은 비기독교 가정의 어린이건 간에 그 어린이가 하나님의 올바른 자녀로 양육되도록 최선을 다해야 하는 것이다. 신약에서의 예수님의 모습을 보면 어린이를 매우 사랑하시고 귀하게 여기신 것을 볼 수 있다. 당시는 어린이를 중요하게 여기지 않는 사회였음에도 불구하고 예수님께서는 어린이를 귀하게 보시고 아끼셨다. 이러한 예수님의 모습을 본받아서 교회는 어린이 교육의 중요성을 깨닫고 여기에 집중해야 할 것이다.

어린이 교육의 목적과 목표

모든 교육은 목적을 전제로 하며, 교육이 목적 지향적으로 이루어질 때 가장 효과적인 교육이 이루어질 수 있다. 기독교 어린이 교육 역시 마찬가지이다. 교육 목적은 전체 교육 체계가 세워지는 기초가 되며, 교육이 해야 할 바를 결정하는 원리를 만들어 준다. 기독교 어린이 교육은 어린이가 자아 성취 단계에 이르고 또 기독교적인 신앙

안에서 성숙한 사람이 되게 하는 일을 추구해야 할 것이다.

도널드 조이는 어린이 교육이 다음과 같은 궁극적인 목적을 가지고 있어야 한다고 그의 글에서 밝히고 있다. 첫째는 어린이가 예수 그리스도를 개인적 구주로 영접하는 것이다. 둘째는 어린이들이 성숙한 의사 결정과 내면화된 기독교적인 가치관을 반영하는 행위를 하도록 하는 것이다. 셋째는 어린이들이 의롭고 참된 경건을 지니고, 예수 그리스도의 온전한 형상을 닮는 것이다.

이러한 교육 목적들을 잘 담고 있는 성경 구절이 바로 디모데후서 3장 17절의 말씀이다. "이는 하나님의 사람으로 온전케 하며 모든 선한 일을 행하기에 온전케 하려 함이니라." 성경의 유익함에 대하여 설명하고 있는 이 구절은 기독교 교육이 어떠한 목적으로 이루어져야 하는지에 대해 간략하면서도 명확하게 나타내고 있으며, 어린이 교육에도 합당한 목적을 제시한다. 이 구절에 나타나 있는 어린이 교육의 목적은 다음의 두 가지이다.

첫째, 어린이가 하나님의 사람으로 온전케 되는 것이다. 기독교 교육에서 중생은 무엇보다 선행되어야 할 부분이다. 특히 아동기는 예수 그리스도를 자신의 구주로 영접하는 것이 가능한 시기이다. 어린이들이 이해하기 쉽도록 명확하게 복음을 제시하고, 어린이들로 하여금 그 복음에 합당하게 반응하도록 돕는 것이 어린이 교육의 일차적인 목적이 되어야 할 것이다. 어린이가 온전한 하나님의 사람이 되도록 하는 것이 기독교 어린이 교육의 가장 우선적인 목적이다.

둘째, 어린이가 모든 선한 일을 행하기에 온전하도록 하는 것이다. 교육은 변화를 수반한다. 온전한 하나님의 사람이 되는 것은 그의 삶에서 예수 그리스도를 닮아 가는 것을 의미한다. 어린이 교육은 단지 어린이가 예수 그리스도를 소개받고 영접하며 성경 지식을 배우고 교회 생활에 익숙해지도록 돕는 것뿐만 아니라, 어린이들이 실제로 그들의 삶을 변화시켜 나가는 것을 목적으로 한다. 어린이들이 예수 그리스도의 성품을 닮아 가며, 기독교 세계관으로 세상을 바라보고, 궁극적으로 그들의 삶을 통하여 하나님께 영광을 돌리도록 하는 것이 어린이 교육의 목적인 것이다.

중간 목표

위에서 언급한 궁극적 목적을 달성하려면 먼저 다음과 같은 보다 구체적인 하부 과제에 관심을 갖는 것이 필요하다. 목표는 목적 달성을 위하여 필요한 생각이나 행동 또는 과정에 대해 방향을 제시한다. 도널드 조이는 목적을 위해 다음과 같은 구체적이고도 세부적인 중간 목표들을 제시한다.

첫째, 어린이들이 성경적 자료들을 폭넓고 체계적이며 균형 있게 접하도록 해야 한다. 특히 어린이들이 충분히 이해할 수 있도록 이야기식 설명을 하는 것이 필요하다. 어린이들에 대한 전통적인 도덕가적 교육을 일찍 중단하고, 이들이 가정과 교회의 일관된 교육을 통해 성경 말씀에 근거를 둔 자기 자신의 결론을 내리도록 허용하는 일이 중요하다.

둘째, 어린이 사역의 현장에서 항상 나타나는 도덕적 사고의 수준을 계속적으로 진단하고, 그 다음에는 현실적으로 이들의 사고 수준에 맞는 교훈과 반별 활동을 추진한다. 현재 참여하는 어린이들의 보편적인 사고 방식 바로 한 단계 위의 것을 소개함으로써 이들의 사고 수준을 향상시킨다.

셋째, 사춘기에 진입하는 어린이에게 적절한 모델을 제공한다. 교사들은 어린이를 그리스도께로 인도하는 일의 중요성을 분명히 깨달아야 한다. 이 목표는 자율적이며 정체감을 추구하고 성적 자각 단계에 있는 이들 어린이의 생활과 발달에 함께 역사하시는 성령과의 상호 작용을 통해서만이 달성 가능한 것임을 잊어서는 안 된다.

넷째, 가정이 가치관의 발달과 형성 그리고 전달을 위한 가장 중심적이고 일차적인 기관임을 재확인한다. 부모들이 자신의 자녀들을 올바로 교육할 수 있도록 적절한 도움을 제공한다.

다섯째, 교회가 하나님의 가정임을 인식하게 하고, 어린이들이 그들의 부모와 교회 내의 다른 성인으로부터 그리스도인의 관심과 기독교 신앙의 표현에 대하여 배울 수 있도록 한다.

하버마스와 이슬러는 다음과 같은 도표로 어린이 교육의 목표를 제시한다.

〈표 1〉 어린이 교육의 목표

하나님을 알아감	서로 섬김
1. 습관 형성 　가. 기도 　나. 고백(회개) 　다. 성경 암송 2. 하나님을 앎 3. 하나님을 예배함 4. 노래(찬양) 5. 주님 안에서 즐거워함 6. 세례와 성만찬에 관해 배움 7. 다른 사람을 존경함	1. 자비를 베풂 2. 나눔 3. 도움/섬김 4. 다른 사람을 생각함 5. 하나님을 찬양함 6. 구제 헌금을 함 7. 친구를 사귐 8. 건전하게 이성 친구를 사귐 9. 교회 "가족"의 중요성을 깨달음

예수님을 닮아감	세상을 섬김
1. 진리를 배움 　가. 성경 읽기 / 나. 암송 2. 은사 사용/재능 　가. 배우려는 자세 　나. 적절한 의사 결정 3. 진리를 말함 　가. 정직 / 나. 감사 4. 진리를 좇는 삶 　가. 하나님 나라 시민 　나. 자기 절제 / 다. 자아상	1. 십일조/ 관용 2. 진리를 분별함 3. 다른 이들을 섬김 4. 세계를 품는 비전 개발 5. 간증을 나눔 6. 그리스도를 전함

(로날드 하버마스 & 클라우스 이슬러, 화목을 위한 가르침, 서울: 디모데 1997, p.425)

　이상과 같은 목표들을 간략히 정리하면 다음과 같은 세 가지 측면으로 나누어 볼 수 있다.

　첫째, 하나님을 사랑하는 어린이가 되도록 해야 한다. 우리를 사랑하시고 구원하신 하나님께 대하여 올바로 배우며, 예수 그리스도를 삶의 구주로 영접하여야 한다. 뿐만 아니라 하나님께 찬양과 기도, 예배를 드려야 하며, 하나님의 말씀을 사랑하고 그 말씀대로 순종하는 삶이 되도록 도와야 할 것이다.

　둘째, 자기 자신을 사랑하는 어린이가 되도록 해야 한다. 하나님을 사랑하는 어린이는 자기 자신도 사랑할 수 있게 된다. 이는 그가 하나님의 자녀로서, 구원받은 하나님의 백성으로서의 자신의 정체성을 정확히 인식하기 때문이다. 이것은 이기적인 자기 사랑과는 다른 것이다. 하나님의 자녀로서 자신을 사랑하는 어린이는 자신의 삶을 예수님을 닮아 가는 삶으로 변화시키게 될 것이다. 어린이가 자신의 삶을 사랑하고 자신의 삶을 하나님 앞에서 책임 있는 삶으로 변화시켜 나가도록 돕는 것이 기독교 교육의 목표가 될 것이다.

셋째, 다른 사람을 사랑하는 어린이가 되도록 해야 한다. 하나님과 자기 자신을 사랑하는 어린이는 또한 주변의 다른 사람들을 사랑하게 된다. 하나님께서 그들 역시 사랑하고 계심을 알고 있기 때문이다. 어린이들이 우선 가족과 친구 등 가까운 사람을 사랑하고 섬길 수 있도록 교육해야 한다. 뿐만 아니라 주변의 어려운 이웃들을 돕고, 더 나아가 세계를 품고 선교의 꿈을 키워 나가는 어린이들이 되도록 가르치고 도와야 할 것이다.

이처럼 하나님과 자기 자신 그리고 다른 사람들을 사랑하게 될 때 어린이는 하나님의 사람으로 온전케 되며, 모든 선한 일을 행하기에 온전하게 될 것이다.

생각해 볼 문제

1. 평상시에 본인이 어린이에 대해 어떤 선입관을 가지고 있었는지 돌아보고, 동료 교사들과 함께 이야기를 나누어 보세요.

2. 본인이 속한 교회에서는 어린이 교육의 중요성을 얼마나 인식하고 있는지 생각해 보고, 교회가 어린이 교육의 중요성을 인식하도록 하기 위해서 어떻게 해야 할까를 생각해 보세요.

3. 본인이 어린이 교육 부서의 목적과 목표를 뚜렷하게 알고 있는지 살펴보고, 알고 있다면 그것이 어린이의 발달 상황에 적절한지 생각해 보세요.

3장

어린이의 발달 이해

예수는 그 지혜와 그 키가 자라가며 하나님과 사람에게 더 사랑스러워가시더라
(누가복음 2장 52절)

발달 이해의 필요

　사람은 잉태되는 순간부터 죽어서 이 세상을 떠날 때까지 끊임없이 배움의 길을 걸어가야 한다. 기독교 교육 역시 마찬가지이다. 예수 그리스도 안에 있는 하나님의 사랑과 용서의 복음을 배우고 그 복음에 응답하는 것은 일생의 과정이다. 단지 그 복음에 응답하는 방식이 다를 뿐이다. 어린이는 어린이의 방식으로, 청소년은 청소년의 방식으로 각각 복음에 응답한다.
　'도대체 왜 어린이들의 특성이 고려되어야 하는가? 복음의 내용만을 가르치면 되지 않겠는가?' 라는 생각을 피력하는 교사들을 간혹 만날 수 있다. 물론 주일학교에서 어린이들에게 가르칠 내용은 복음 그 자체이다. 그러나 복음은 인간에 대한 하나님의 행동 메시지이며, 그것은 복음을 듣는 자에게 믿음의 반응을 요구하는 상호 관계적인 면을 지니고 있다. 예수님은 인간을 향한 전인적인 사역을 하셨다. 그분은 사람들의 육체적·감정적 필요를 채움과 동시에 영적인 필요를 위해 사역하셨다.
　어린이는 하나님의 계획 속에서 점진적으로 성장해 간다. 주일학교에서 어린이들의 영적인 면만을 이해하고 성장시킨다는 것은 모순이다. 왜냐하면 어린이들의 신체적·정신적·사회적·정서적·도덕적·영적 성장은 서로간에 영향을 주고 받으면서 성장해 가기 때문이다. 교사들은 어린이들이 필요로 하는 것을 잘 이해하고 가르칠 때에야 그들을 효과적으로 인도할 수 있다. 따라서 어린이 사역에 있어서 연령별 특성과 필요를 이해하는 것은 무엇보다 중요하다고 볼 수 있겠다. 성경에 나타난 예수님의 성장 역시 전인적인 발달을 나타내고 있다. 누가복음 2장 52절은 예수님께서 그 지혜(인지적으로)와 키(신체적으로)가 자라 가면서 하나님과(영적으로) 사람에게(사회적으로) 더 사랑스러워 갔다고 말하고 있다.

만약 우리가 가장 효과적인 학습을 보장받기 원한다면, 우리는 반드시 모든 성장 영역들을 숙지하고, 각 영역별로 충족되어야 할 욕구를 위한 계획을 수립해야 할 것이다. 어린이의 전인격은 참된 학습에 변화를 가져오게 하며, 참된 학습은 개인의 전 인격 안에 변화를 가져오게 한다. 교사는 먼저 주님과 하나님의 말씀을 알아야 하고, 다음으로는 자신의 학생들에 대해서 반드시 알아야 한다. 교사는 어린이와 그가 지닌 문제점을 알고 있어야 한다. 한 어린이가 좋아하는 것과 싫어하는 것은 무엇인가? 그가 두려워하는 것, 장점 그리고 약점은 무엇인가? 그의 사고 방식과 수행할 수 있는 기량은 무엇인가? 이 질문에 대한 대답은 교수-학습 경험에 변화를 가져오는 요인이 된다.

교사의 본질적인 과제는 어린이의 세계를 재발견하는 일이다. 이렇게 함으로써 어른은 어린이가 하는 행동의 의미를 감지하고 또한 어린이를 가장 지혜롭게 지도할 수 있다. 교사는 어린이의 발달에 대해서 보다 깊이 있게 이해함으로써 어린이의 개념들을 발견할 수 있게 된다. 이에 대한 안목을 갖추는 것은 해당 연령의 정신적·정서적 그리고 영적인 특성을 보다 잘 이해함으로써만 가능하다. 또한 이 안목은 다양한 배경 속에서 어린이를 주의 깊게 관찰함으로써 고양될 수 있을 것이다. 어린이의 발달 단계를 이해하고 있는 사람만이 어린이들을 보다 더 효과적으로 가르칠 수 있게 될 것이다.

저학년 어린이의 발달 이해(1~3학년)

저학년 어린이들은 각자 뚜렷한 개성과 함께, 배우고자 하는 일반적인 열망, 무한대의 호기심 그리고 자신이 스스로 발견한 것들을 통해서 스스로 배우도록 도와주는 기량과 능력의 다양한 성숙도를 지니고 교사에게로 나아온다.

신체적 발달

이 시기의 어린이는 영, 유아의 시기보다는 성장이 느리고 소근육이 많이 발달되어 있다. 어린이들은 선생님의 말씀을 듣는 것보다 행함을 통해서 훨씬 많이 배운다. 그들은 관찰보다는 행함을 통해서 더 많이 배우게 된다. 어린이는 언어적 표현보다는 자신의 행위를 통해서 자신에 관한 많은 것을 나타낸다. 그들은 때로 자신과 다른 사람들에 대한 태도를 신체적인 움직임을 통해서 표현한다. 이처럼 활동의 수준이 높아지고 잠시도 가만히 있지 못하는 이 시기의 어린이들에게는 다양하게 활동할 수 있는 프로그램을 제시하는 것이 필요하며, 경험 학습이나 탐구 학습이 효과적이다. 어린이들은 반드시 운동을 위한 충분한 기회를 가져야 한다. 따라서 그들의 행동이 다른 어린이에게 방해만 되지 않는다면 이를 방관하는 편이 좋다.

또한 이 시기의 어린이들은 에너지와 활동력이 불규칙적이어서 무리하기가 쉽다. 교사는 이를 고려하여 휴식과 활동을 균형 있게 지도하여야 한다. 또한 저학년 어린이들은 감각이 예민하므로 직접적인 지식을 제공하여 주고, 보고 다룰 수 있는 대상물들을 제공하며 학습하는 것이 좋다. 특히 1학년 어린이는 시력 발달이 완전하지 않고 안구의 좌우 운동도 원활하지 못하기 때문에 책을 읽는 솜씨가 좋을 수도 있고 나쁠 수도 있다. 그러므로 교사는 1학년 어린이들에게 무리한 독서 요구를 하지 않도록 유의해야 한다. 그 대신 독서 능력이 없이도 내용을 이해할 수 있도록 시각 자료와 다른 방법들을 활용해야 한다.

지적 발달

이 시기의 어린이들은 신체적으로 움직이는 것만큼 정신적으로도 빨리 움직인다. 이들의 집중력은 짧다. 저학년 어린이들이 집중할 수 있는 시간은 7~15분 정도이다. 이들이 긴 설명, 해설 또는 강의를 경청할 수 있을 것으로 기대하지 말라. 한순간에 한 가지 개념만 제시하여야 한다. 일을 단순화하는 것이 필요하다. 어린이들이 한순간에 하나의 새로운 개념만 완벽하게 이해할 수 있도록 도와야 한다.

이 시기의 어린이들에게는 광범위하게 독서할 수 있는 능력이 생긴다. 성경 읽는 법을 가르치고, 좋은 독서 자료들을 제공하여 주는 것이 효율적이다. "또한 자아 통제를 배우고 자아 평가를 할 수 있는 시기이므로 성령의 열매를 맺는 생활을 할 수 있도록 가르칠 수 있을 것이다." 특히 1학년의 시기는 현실과 이상 사이의 차이를 구분하려고 노력하는 시기이므로 교사는 성경을 분명히 현실로 가르쳐야 한다. 또한 3학년 어린이는 2학년 어린이보다 이성적이다. 이들은 모든 사람들이 같은 일을 다 잘할 수 없다는 사실을 받아들일 준비가 되어 있다. 따라서 각 어린이가 자신이 가진 능력과 기량을 발견할 수 있도록 도와주는 것이 필요하다.

대부분의 저학년 어린이는 공간적 거리 개념에 대한 이해력이 거의 없다. 이들에게 있어서 구약 시대의 사건과 신약 시대의 사건을 구분하는 것은 매우 어려운 일이다. 무엇이든지 이들의 체험을 넘어선 것은 그저 단순히 "옛날"이 되는 것이다. 따라서 저학년 어린이에게 성경적 연대 개념을 주입시키기 위해 과도한 노력을 할 필요는 없다.

사회적 발달

이 시기는 의존적이던 어린이들이 독립적으로 성장해 가는 시기이다. 따라서 자신의 선택에 대해 책임 질 기회를 제공해 주고, 의존감과 책임감을 적절히 제공하여 훈련하는 것이 필요하다. 1학년은 경쟁을 즐기지 않는다. 이들은 패배를 견디지 못하기 때문이다. 그리고 1학년은 다른 사람과 함께 지내는 일과 다른 사람의 권리와 감정을 존중하는 일에 있어서 도움을 필요로 한다. 교사는 1학년 어린이들이 사회적으로 잘 발달될 수 있도록 유의하여 가르쳐야 할 것이다. 그에 비하여 2학년 어린이는 다른 일부 어린이들에 대해서 주의를 기울일 수 있다. 이들은 몸으로 다투기도 하지만, 주먹보다는 말로 싸우려는 경향이 있다. 이들은 보통 자신의 권리와 정당성을 강력하게 주장한다. 교사는 모든 결정에 있어서 평등하고 정의롭게 결정하도록 유의하여야 한다. 3학년 어린이는 조직화된 게임을 좋아한다. 이 연령의 어린이는 가장 친한 친구를 좋아하며, 때로는 게임 상대로 적을 원하기도 한다. 교사는 이런 사실을 잘 이해하고, 몰아치는 태도로 어린이를 나무라지 말며, 어린이들이 긍정적인 가치관을 형성해 나가도록 해야 할 것이다. 3학년이 되면 보통, 이성에 대해 적대감이 싹트게 된다. 교사는 이를 정상적인 것으로 이해하고, 이런 적대감 유발 요소를 가급적 제거하는 것이 좋다.

저학년 어린이들은 모방적이고 창의적이므로 역할극, 상황놀이 등이 매우 효과적이다. 또한 성경의 위대한 인물을 설정하여 따르도록 지도하는 것도 좋은 방법이다. 교회 안에서 믿음의 친구를 사귀도록 하고, 그룹 과제 등을 통하여 협동하는 것을 가르쳐야 할 것이다.

정서적 발달

이 시기의 어린이는 감정이 쉽게 일어나고 쉽게 동한다. 미움에 대한 감정을 적절히 조정해 주고, 사랑하는 감정으로 훈련시키는 것이 교사들에게 요구된다. 또한 옳고 그름에 관심이 많은 시기이며, 흑백 논리가 강하고, 정의롭다. 잘한 일에는 보상하고, 잘못된 것은 엄격하게 지도하는 것이 필요하다.

새롭게 학교 생활을 시작하는 1학년 어린이는 안정을 위한 욕구와 새로운 체험을 시도하려는 욕망 사이에서 동요하게 된다. 교사는 어린이가 안정된 가운데서 새로운 도전을 할 수 있도록 도와야 할 것이다. 2학년 어린이는 어른들, 그의 친구들 그리고 자신에게 인정받기 위해 완벽하게 일을 마치려고 한다. 그가 서두르도록 충동하거나 또는 "그 정도면 충분하다"는 말을 함으로써 완전함을 향한 그의 시도를 위축시키지 않는 것이 필요하다. 교사는 한 활동에 소요될 시간을 추정하고 이 시간만큼을 어린이에게 주어야 하며, 그렇지 못할 경우에는 활동을 변경하는 것이 좋다. 전에 했던 것이나 좌절감을 줄 수 있는 복잡한 활동은 피해야 한다. 2학년 어린이들은 여기에서 성공하지 못하면 실망하게 될 가능성이 있다. 2학년 어린이들은 비판보다는 칭찬을 요구하는 예민한 아이들이기 때문에 이들의 욕구에 예민한 교사가 되어야 한다. 3학년 어린이는 2학년 때보다 두려움이 줄어들고 더 평온하고 침착해진다. 그는 자신이 몇 가지 가치관들을 개발하고 있음을 인식하기 시작하며, 자신의 신념이 옳다는 생각을 가지게 된다. 교사는 성경에 기초를 두고 그의 정당성을 개발시켜 나가야 할 필요가 있다.

영적 발달

이 시기는 죄의식과 구원 의식을 가질 수 있는 시기이다. 어린이들이 예수 그리스도를 개인적으로 믿고 응답할 수 있도록 그리스도를 소개하는 것이 필수적이다. 또한 저학년 어린이들은 초자연을 인정하므로 실제로 성경 속에서 일어났던 초자연적인 현상과 기적을 소개하여 그들이 이해할 수 있도록 한다. 이 단계의 어린이들은 무엇이 옳고 그른가를 판단할 수 있으며, 사실과 환상의 차이점에 대해서도 구별해 낼 수 있다. 간단한 성경의 진리를 일상 생활 속에서의 구체적인 경험에 적용해 봄으로써 더욱 확실하게 이해할 수 있으며, 구원의 의미도 제대로 파악할 수 있게 된다. 복음은 구체적인 설명과 더불어 간단하고 명확하게 제시되어야 한다. 어린이들은 구원의 확신을 필요로 하며, 하나님의 자녀가 되고 나서도 죄를 지으면 어떻게 되는지 등의 문제에 대해서도 알고 싶어한다. 교사의 도움과 지도에 힘입어 그들의 영혼은 그리스도 안에서 무럭무럭 자라날 수 있을 것이다.

이상의 저학년 어린이의 발달 특징을 도표로 간단히 살펴보면 다음과 같다.

〈표 2〉 저학년 어린이의 신체적 발달

신체적 발달의 특징
1. 소근육 발달   2. 왕성한 신체 활동 3. 불규칙한 에너지와 활력 4. 완전하지 않은 시력과 안구 좌우 활동(1학년)
발달에 따른 교사의 배려
1. 소근육을 활용할 수 있는 활동을 할 것 2. 어린이들이 활동을 통하여 배우도록 할 것(경험 학습, 탐색 활동 등) 3. 어린이들이 무리하지 않도록 휴식과 활동을 균형 있게 지도할 것 4. 무리한 독서를 강요하지 말고, 시각 자료 등을 활용할 것

〈표 3〉 저학년 어린이의 지적 발달

지적 발달의 특징
1. 짧은 집중력   2. 광범위한 독서 능력 3. 자아를 통제하는 것을 배움 4. 현실과 공상을 구분함 5. 공간적 거리 개념이 매우 약함
발달에 따른 교사의 배려
1. 단순화시켜서 한번에 한 가지 개념만 설명할 것 2. 성경 읽는 법을 지도할 것 3. 어린이들이 자신의 삶을 변화시키도록 도울 것 4. 성경의 현실성을 가르칠 것 5. 성경적 연대 개념을 주입시키려고 하지 말 것

〈표 4〉 저학년 어린이의 사회적 발달

사회적 발달의 특징
1. 독립적 성장　　　　2. 경쟁하지 않음(1학년) 3. 자신의 정당성을 주장함(2학년) 4. 경쟁적임. 적이 있는 게임을 즐김(3학년) 5. 이성에 대한 적대감(3학년)　6. 모방적, 창의적임
발달에 따른 교사의 배려
1. 의존감, 책임감을 적절히 키울 수 있도록 지도할 것 2. 함께 협동하며 지내는 것을 배우도록 할 것 3. 공평하고 정의롭게 지도할 것 4. 긍정적인 가치관을 심어 줄 것 5. 적대감 유발 요소를 가능한 한 없앨 것 6. 성경의 위대한 인물을 소개하고 본받을 수 있도록 지도할 것

〈표 5〉 저학년 어린이의 정서적 발달

정서적 발달의 특징
1. 쉽게 동하는 감정 2. 옳고 그름에 관심, 흑백 논리 3. 안정과 새로움 사이의 갈등(1학년) 4. 인정받기 원함, 완벽주의 경향(2학년) 5. 평온, 침착, 신념을 키움(3학년)
발달에 따른 교사의 배려
1. 미움의 감정을 조정하고, 사랑의 감정을 훈련시킬 것 2. 잘한 일은 보상하고, 잘못된 것은 엄격하게 지도할 것 3. 안정감을 가지고 도전할 수 있는 환경을 제공할 것 4. 작업을 위한 충분한 시간을 제공할 것, 칭찬할 것 5. 성경에 기초한 정당성을 개발할 수 있도록 도울 것

〈표 6〉 저학년 어린이의 영적 발달

영적 발달의 특징
1. 죄의식, 구원 의식을 가짐 2. 초자연을 인정함 3. 성경의 적용이 가능해짐
발달에 따른 교사의 배려
1. 구체적이고도 간단 명료하게 복음과 그리스도를 소개하여 개인적으로 영접할 수 있도록 할 것 2. 성경의 기적과 초자연적인 현상들을 소개하고 가르칠 것 3. 일상의 구체적인 삶의 현장에서 성경을 생활에 적용하도록 도울 것

고학년 어린이의 발달 이해(4~6학년)

고학년 어린이는 예민한 충성심을 가지고 있기 때문에 만약 어떤 어른이 자신을 이해해 준다는 것을 알면 금방 그 사람과 자신을 동일시하여 그에게 충성을 표시하고 그로부터 많은 것을 배우게 된다. 그러므로 교사는 고학년 어린이를 이해하기 위해 더욱 노력해야 할 것이다.

신체적 발달

고학년은 풍부한 에너지와 급속한 성장이 있는 시기이다. 이 시기의 어린이의 가장 큰 특징은 풍부한 활동이다. 그들은 항상 움직이며 무엇인가를 하기 원한다. 또한 이 시기의 어린이는 무엇이든지 만드는 것을 좋아한다. 물론 그것은 어린이의 요구에 맞고 그들이

할 수 있는 것이어야 할 것이다. 할 수 있는 다양한 건설적인 일들을 제공하고, 능동적이고 극적인 일들을 만들어 주는 것이 필요하다. 신체적으로 건강하기 때문에 자발적이고 규칙적으로 교회에 출석할 수 있다. 옥외 활동을 좋아하므로 교회 밖에서 할 수 있는 운동, 산책, 여행, 캠핑 등의 프로그램이 매우 효과적이다.

지적 발달

고학년 어린이들은 호기심이 무척 강하며, 다양한 관심사를 가지고 있다. 또한 논리적으로 합리화하는 능력이 개발되는 시기이므로 다양한 분야에 대한 흥미를 돋우고, 합리적인 설명과 행동으로 교수하는 것이 좋다. 아직은 사실에 충실하고 상징을 이해하기 어려운 시기라는 것을 교사들이 명심해야 할 것이다. 또한 이 시기의 어린이들은 뛰어난 기억력을 지니고 있어서 성경을 암기할 수 있다. 그러나 이들이 각 구절이 의미하는 내용과 그것을 적용하는 방법을 이해하는 데에는 도움이 필요하다. 적절한 도움과 함께 성경을 많이 암송할 수 있도록 교육한다. 또한 고학년 어린이는 연계적 사고가 가능하다. 이들은 과거의 사건들을 시간적인 순서에 따라서 배열하는 것을 배우게 된다. 이들은 과거에는 별도의 사건들로만 생각했던 성경 이야기들의 역사적 순서를 이해하기 시작한다. 성경에 나타난 연대기와 지리를 가르치는 것이 가능해진다.

사회적 발달

고학년 어린이들은 공동체 안에서 주어진 자신의 책임을 받아들일 수 있다. 그러므로 부서나 분반 안에서 어려운 일들을 맡겨서, 책임감을 기를 수 있는 기회를 제공해 준다. 시끄럽고 싸우기를 좋아하므로 항상 교사들이 어린이들보다 먼저 준비하고 있어야 하며, 안정된 분위기를 만들어 주고, 일거리를 제공해 주어야 한다. 군집의 본능이 강하여 그룹이나 모임을 만들기를 좋아하지만, 이성에 대해서는 비호의적인 시기이므로 남녀로 구분하여 반을 운영하는 것이 좋다. 이 시기의 어린이들은 경쟁하기를 좋아한다. 그러나 경쟁하는 방법을 사용할 때는 경쟁보다 더 좋은 방법이 없거나, 경쟁이 더 잘 하도록 격려하는 수단이 될 때에만 사용하는 것이 좋을 것이다.

정서적 발달

이 시기의 어린이들은 어른의 간섭을 싫어한다. 잘 하고 싶지만 누가 말리거나 억압하면 하기 싫어하고, 반면에 격려와 칭찬을 통해 성취해 간다. 또한 여러 가지 충성심을 지니고 있다. 이들은 자신의 관심 영역이 확장됨에 따라서 보다 많은 활동에 참여하기를 원하게 된다. 따라서 이들은 갈등에 직면하게 된다. 부모와 교사는 이러한 경우 선택을 위한 원리를 반드시 제시해 주어야 한다. 교회 초등부 활동에서는 어린이가 여러 가지 활동에 최대한 참여할 수 있도록 하기 위해 스케줄 사이에 어떤 갈등이 있는지를 파악해야 할 것이다. 이 시기의 어린이는 농담과 재치 있는 말을 좋아하며, 취미 활동을 좋아한다. 교사가 학생들의 가정을 방문했을 때 그의 취미에 대해 관심을 보이면 교사와 학생 사이의 상호 이해에 도움이 될 것이다. 가능하다면 학생들의 취미를 교회와 관련된 것으로 돌리도록 권면하는 것이 지혜로운 일이다. 이 시기의 어린이들은 두려움은 거의 없으나, 많은 문제를 지니고 있다. 따라서 두려워해야 할 것과 두려워하지 말아야 할 것에 대해 가르쳐야 한다. 또한 성격이 급하고 자기 중심적이므로 분노의 원인을 피하고, 그리스도 중심의 생활을 하도록 도와야 한다.

영적 발달

이 시기의 어린이는 성경에 나오는 활동적인 인물에 관한 이야기를 좋아한다. 이들은 특히 영웅 이야기를 좋아한다. 이들은 자신이 하고 싶은 일을 하는 사람, 힘센 사람, 다른 사람들을 돕는 사람을 존경한다. 고학년 어린이들은 다른 사람이 가진 훌륭한 자질에 찬미를 보내며, 도덕적으로 높은 수준에 있지 못한 사람이라도 단순히 그가 인기와 설득력이 있다는 것 때문에 자신을 그와 동일시하는 경향도 있다. 그러므로 이들은 삶에 있어서 옳은 것이 무엇이며 하나님의 법에 어긋나는 것이 무엇인지를 구분함에 있어서 부모와 교사의 도움을 필요로 한다.

또한 이 시기의 특징인 충성심을 주님께 향하도록 해야 한다. 교사는 이들이 주님께서 자신의 삶의 모든 영역을 주장하시도록 허용할 때만이 자신의 삶에 조화를 가져올 수 있다는 사실을 이해할 수 있도록 해야 한다. 그리고 어린이들은 하나님께서 부모님께 순종할 것을 말씀하셨고, 또한 하나님께서 부모를 통해서 이들이 해야 할 일을 가르쳐 주신다는 사실을 배워야 한다. 어린이에게 그의 부모님께 순종할 것을 권면하는 것은 어린이의 삶 속에 참된 권위에 대한 존경심을 심어 주는 것이다.

이 시기의 어린이는 예리한 정의감을 지니고 있는데, 이는 자기 자신의 잘못에 대한 책임 의식을 더 많이 느끼는 데 도움이 된다. 이로 인해서 이들은 하나님께서 죄를 반드시 벌하시며 예수님께서 이 벌을 친히 담당하셨으므로 주님께 자신의 삶을 바쳐야 할 필요가 있다는 것을 보다 쉽게 이해할 수 있게 된다. 초등부 연령은 복음 메시지에 응답할 수 있는 시기이다. 교사는 이들이 예수 그리스도는 누구시며 그가 개인의 삶에 대해서 선포하신 말씀의 내용이 무엇인가를 이해하면서 성장할 수 있도록 비상한 관심을 기울여야 한다. 또한 매우 실제적인 것을 좋아하는 때이니만큼 말씀을 듣는 것뿐만 아니라 행함에 대해서도 가르쳐야 할 것이다.

이상의 고학년 어린이의 발달 특징을 도표로 간단히 살펴보면 다음과 같다.

〈표 7〉 고학년 어린이의 신체적 발달

신체적 발달의 특징
1. 풍부한 에너지, 급속한 성장 2. 건강한 신체 3. 실외 활동을 좋아함
발달에 따른 교사의 배려
1. 건설적이고 능동적인 일거리를 제공할 것 2. 자발적이고 규칙적으로 교회에 출석하도록 지도할 것 3. 실외 활동 프로그램을 제공할 것

〈표 8〉 고학년 어린이의 지적 발달

지적 발달의 특징
1. 호기심이 많고 관심사가 다양함 2. 논리적, 합리적임 3. 뛰어난 기억력 4. 연계적 사고 가능
발달에 따른 교사의 배려
1. 다양한 분야의 흥미를 유발할 것 2. 합리적인 행동과 말로 지도할 것 3. 성경 암송을 지도할 것 4. 성경 연대기, 역사적 사건, 성경의 지리 등을 가르칠 것

〈표 9〉 고학년 어린이의 사회적 발달

사회적 발달의 특징
1. 강한 책임감 2. 강한 군집 본능 3. 이성에 대한 적대감 4. 경쟁을 좋아함
발달에 따른 교사의 배려
1. 책임을 질 수 있는 일거리를 제공할 것 2. 또래 집단의 경향을 잘 파악하고 지도할 것 3. 남녀를 분반하여 지도할 것 4. 적대감 없이 선의의 경쟁을 통하여 함께 성숙해 가는 것을 가르칠 것

〈표 10〉 고학년 어린이의 정서적 발달

정서적 발달의 특징
1. 성인의 간섭을 싫어함 2. 충성심 3. 다양한 취미
발달에 따른 교사의 배려
1. 격려와 성취를 제공할 것 2. 다양한 활동을 어려워하지 않도록 선택의 기준을 지도할 것 3. 취미에 관심을 가져 주고 교회와 관련된 취미 활동을 독려할 것

〈표 11〉 고학년 어린이의 영적 발달

영적 발달의 특징
1. 인물 중심적. 영웅을 좋아함 2. 충성심 3. 예리한 정의감 4. 실제적인 것을 좋아함
발달에 따른 교사의 배려
1. 성경의 인물을 소개하고 그를 본받도록 지도할 것 2. 예수님께로 충성심이 집중되도록 지도할 것, 부모에게 순종하는 것을 배우도록 할 것 3. 죄에 대하여 정확하게 가르치고 복음을 제시할 것 4. 성경의 진리를 행할 수 있도록 격려할 것

생각해 볼 문제

1. 저학년 어린이는 활동이 풍부하여 한시도 가만히 있지를 않습니다. 이런 신체적 특징을 살려 주면서도 학습에 집중할 수 있는 방법은 무엇일지 생각해 보세요.

2. 3학년 정도부터 어린이들은 이성에 대한 호기심과 더불어 이유 없는 적대감이 생기기도 합니다. 교회에서 이성간에 잘 지낼 수 있는 방법은 어떤 것이 있을까요?

3. 고학년 어린이들은 경쟁심이 매우 많습니다. 경쟁심을 자극하지 않고 어린이들이 더욱 적극적으로 활동에 임하도록 하려면 어떻게 해야 할까요?

4. 고학년 어린이는 책임을 맡는 것을 좋아합니다. 본인이 속한 부서에서 고학년 어린이에게 어떠한 책임을 맡기고 있는지 돌아보고, 또 어떠한 책임을 맡기면 좋을지에 대해서도 동료 교사들과 함께 이야기를 나누어 보세요.

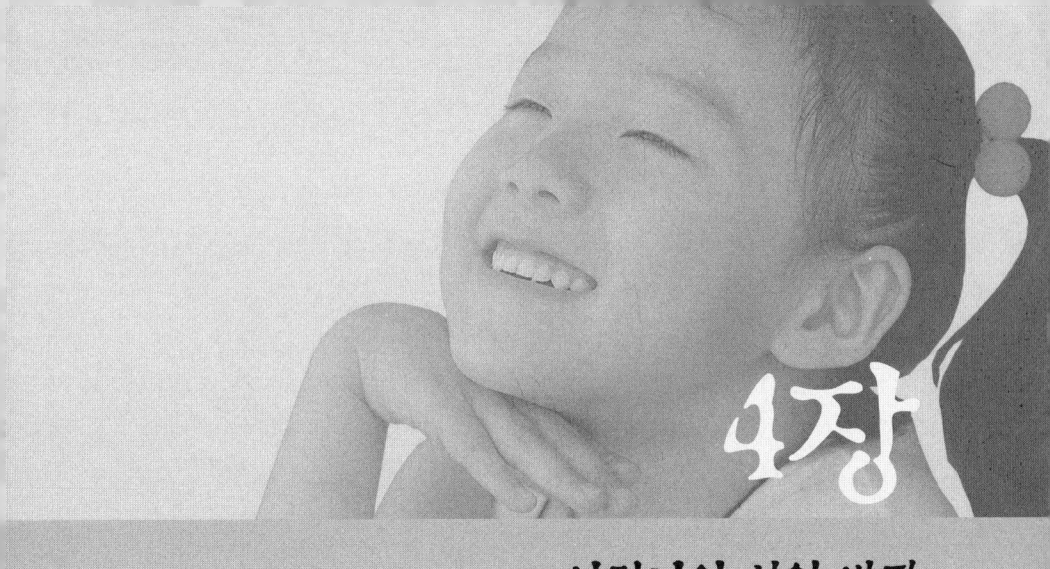

4장

어린이와 신앙 발달

그러나 너는 배우고 확신한 일에 거하라 네가 누게서 배운 것을 알며
또 네가 어려서부터 성경을 알았나니 성경은 능히 너로 하여금
그리스도 예수 안에 있는 믿음으로 말미암아 구원에 이르는 지혜가 있게 하느니라
(디모데후서 3장 14~15절)

신앙 발달 이해의 필요성

 어린이들의 발달 단계를 이해하는 것은 부모와 교사들이 어린이를 어떻게 다루어야 할지에 대한 도움을 얻고자 하는 것에 궁극적인 목적이 있다. 어린이들의 부모로서, 담당 교역자로서, 교사로서 우리는 어린이들과 의사를 소통하는 데 있어서 발달상의 특성들을 반영해야 한다. 만일 어린이들이 예수 그리스도와 성경에 대한 지식을 키우도록 진지하게 돕기를 원한다면 교사는 그들의 단계에 대해 잘 알아야 한다. 그러할 때에 교사가 말하는 것이 어린이들에게 잘 이해될 것이다. 그러나 만일 교사가 어린이들과의 의사 소통에 있어서 그들의 이해 수준에 대해 잘 알지 못한다면 교사는 부적절하고 지루하며 혹은 잘못되거나 거짓된 정보들을 주게 될 것이다. 예를 들면 인지적으로 형식적 조작기 단계보다 더 낮은 수준에 있는 어린이에게 삼위 일체를 가르치는 것은 혼란을 초래하는 것이고, 하나의 삼위 일체의 존재 대신에 세 명의 하나님의 그림으로 왜곡시키는 것이다. 마찬가지로 초기의 도덕적 발달에 있는 아이들은 벌이나 상이라는 구체적인 행동을 기대한다는 것을 교사가 인지하지 못하면 비효율적으로 가르칠 수밖에 없다. 예를 들면 어린이들이 오직 그들 자신이나 법규의 철자에만 관심이 있을 때에 우리가 그들에게 "예언자적인 정의"를 가르치는 일을 들 수 있을 것이다. 그것은 성경적인 정의를 올바로 평가하는 것이 아니다. 사실 그러한 가르침들은 정의에 대한 형식적인 관점으로 끝날 수 있다. 또한 어린이들의 신앙이 "나의 부모님의 신앙"에서 "나 자신의 신앙"이 되도록 너무 서두르다 보면 그저 기억된 단어 – 그러한 단어들의 의미에 대해서는 아는 바가 없이 – 들을 암송하는 어린이들을 만들어 낼 수 있다.

어린이들이 성숙해지기 위해서는 시간이 필요하다. 그리고 그러한 성숙의 과정은 자연스러운 것이고, 달려가는 것이 아니라 조금씩 감동을 받음으로써 이루어지는 것이다. 성숙의 과정은 촉진될 수도 있고 방해받을 수도 있다. 가르침을 받는 어린이들의 수준을 뛰어넘는 가르침은 그들의 이해를 막을 수 있고, 발전을 방해할 수 있다. 그러나 그들의 발달이 진행되고 있는 수준에서 가르치는 것은 그들의 발달을 촉진시킬 수 있다.

사도 바울은 고린도전서 3장에서 교사는 학생들에게 그들이 이해할 수 있는 적당한 영의 양식을 공급하기 위해 배우는 이들의 발달 단계에 대해 분명히 인식할 필요가 있다고 지적했다. 학생은 오직 '우유'만을 소화할 수 있는데 교사가 '고기'를 공급할 경우, 학생은 결국 음식을 공급받지 못한 것이다. 교사로서 우리는 어린이들에 대한 통찰력을 발전시켜야 한다. 어린이들 각각의 "소화" 능력에 따라 그들을 가르치는 것이 교사의 책임이다. 교사들은 거대한 책임을 가지고 있다. 교사는 하나님의 말씀을 개인적으로 알고 또한 적절하게 알아야 하며, 기록된 말씀과 살아 역사하는 말씀을 어린이들이 이해할 수 있는 방법으로 가르쳐야 한다. 이를 성취하기 위해서 교사는 가르침을 학생들의 발달 단계에 따라 조정해야 한다.

어린이와 신학적 개념

어린이는 이제까지 자신이 습득한 이미지와 지각한 것으로부터 개념을 형성한다는 사실에 대한 이해는 교사에게 매우 중요하다. 특히 기독교 신앙은 하나님과 교회, 성경 등에 대해 어떠한 개념을 가지고 있는가에 따라 그 방향이 달라진다. 그러므로 교사는 자라고 있는 어린이가 하나님, 그리스도, 성령, 죄, 죽음 등에 관해 명백하고 정확한 개념을 가지는 것이 얼마나 중요한 일인가를 반드시 깨달아야 한다. 또한 교사는 어린이가 어떻게 신학적인 개념을 형성하는지를 반드시 이해해야 하며, 정확한 개념 형성을 위해서 자신이 도울 수 있는 방법이 무엇인지에 대해 심사 숙고해야 할 것이다.

신학적 개념 형성에 영향을 주는 요인

어린이의 신학적 개념은 서로 다른 요인들에 의해 폭넓은 차이를 나타내게 된다. 신학적 개념의 발달에 영향을 주는 요인은 다음과 같다.

첫째, 구체적인 신학적 개념은 아동 후기에 접어들 때까지 개발되지 않는 것으로 보인다. 아동 전기에 있어서의 인상과 인식은 후기의 신학적 개념 형성에 지대한 영향을 미치게 된다. 이들 인상은 이성적인 사고를 통한 것이 아니라 단지 내적인 느낌이다. 이는 하나님, 성경, 우주, 자신 그리고 타인에 대한 개념을 장래에 형성하기 위한 것으로, 내적이고 보이지 않는 힘인 것이다.

둘째, 부모들은 신학적 개념의 근원에 영향을 미치는 중대한 힘을 소유하고 있다. 기독교인 부모들은 하나님의 실체를 개인과 결정적으로 관련된 살아 있는 인격으로 전달할 수 있는 특권을 지니고 있다. 부모들은 어린이들에게 삶의 사건을 하나님의 다양한 속성을 나타내는 방향으로 해석해 줄 수 있다. 또한 여러 다른 성인들 역시 영적 개념에 대한 어린이의 이해에 영향을 준다. 주일학교 교사는 노래, 성경 이야기, 기도 그리고 여러 학습 활동 속에서 구체화된 기독교적 신학 개념들을 가지고 어린이들을 대면하게 된다. 어린이들은 때로 의사 전달 과정을 통해서나 아니면 자료의 실제적 내용 속에서 잘못된 개념과 이미지를 받아들이게 되는 경우가 있다. 따라서 교회 주일학교의 교육적 자질은 신학적 개념의 개발에 기여하는 요인이 된다.

셋째, 개념 형성에 영향을 주는 또 다른 요인은 어린이의 지적 발달이다. 그러므로 어린이의 지적 발달 단계를 올바로 이해하고 어린이의 단계를 파악하는 것이 무엇보다도 중요하다. 어린이의 언어 발달 및 어휘력의 수준 또한 중요한 요인이 된다. 단어를 활용할 수 있는 능력은 어린이 자신이 다룰 수 있는 이미지와 교훈들에서 나온 상징을 어린이에게 제공한다. 이는 어린이가 객관적인 개념을 일반화하고 이해하기에 앞서서 거쳐야 할 필수적인 단계이다. 어린이가 영적인 주제와 관련된 대화가 결핍된 환경에 있으면 이 분야의 발달이 위축된다. 많은 불신 가정에서 어린이들은 영적 진리에 대한 왜곡된 개념과 태도를 듣고 보게 된다. 불신 가정에서 주일학교에 출석하는 어린이가 하나님, 그리스도 그리고 구원과 관련된 성경 개념들에 대해 올바르고 정확한 어휘를 지니고 있을 것으로 기대하는 것은 비현실적이다.

피아제의 인지적 발달 단계

위에서 밝힌 바와 같이 어린이의 지적 발달은 어린이가 어떠한 신학적 개념을 형성하는가에 중대한 영향을 미친다. 피아제는 어린이들의 사고 과정에 대한 네 가지의 발전 단계를 다음과 같이 제시하고 있다.

1. **첫단계는 감각 운동기로서, 출생에서부터 2살까지로 잡고 있다.** 이 시기에 있는 유아들은 최초로 그들의 감각적 인식과 움직이는 활동을 통해서 그들의 세계를 탐험한다. 피아제는 이를 "실제적 사고력"이라 부른다. 이러한 초기 몇 년 동안에 그들은 여러 가지 개념들(예: 원인과 결과, 시간과 공간, 물체의 내구성, 자기 의식)과 능력들(예: 의도적 행동, 신체적 행동의 상징적 의미, 기본적인 대화 기술)을 발달시킨다.

2. **두번째 단계는 전 조작기로서, 약 2살에서부터 7살까지이다.** 걸음마를 하는 어린아이들과 학령 전 아동들은 상징적 수준에서 그들의 세계를 탐험하기 시작한다(상상, 그림, 꿈, 가장놀이, 제스처, 언어). 아이들은 성인의 행동을 모방하고 세상에 적응하는 법을 배운다. 이 기간의 후반기에도 어린아이들의 개념은 아직은 희미하고 약간 혼돈되어 있다. 피아제는 이를 "반논리적"이라고 부른다. 이 시기에 속한 어린이들은 사물을 분류하고 분석할 수 있으나, 한번에 하나씩만 할 수 있다. 이 시기에는 정신적인 작용에 근거를 두기보다는 어떠한 사물이 피상적으로 드러나는 현상을 보고 판단을 내리게 된다.

3. **세번째 단계인 구체적 조작기는 7살에서부터 11살에 걸쳐서 형성된다.** 학령에 달한 아이들은 구체적인 물체를 정신적으로 조직하고 분류하는 "조작적" 사고를 할 수 있게 된다. 이 시기의 어린이들

은 사물에 대한 정의를 내리게 되며, 논리적인 사고 작용을 통해 여러 가지 사물들을 서로 비교하고 대조할 수 있게 된다. 그러나 사고 과정에 있어서는 여전히 구체적이고 실제적인 범위를 벗어나지 못하며, 추상적인 개념은 아직 이해하기 어렵다.

4. 네번째 단계인 형식적인 조작기는 11살이나 12살 경에 나타나기 시작한다. 이 시기의 청소년은 구체적·실제적 물체뿐만 아니라 사상과 아이디어에 대해 생각한다. 청소년들은 이제 완전한 성인의 판단이 가능해져서 추상적이고 가설적인 개념들, 귀납적이고 연역적인 논리, 가설의 생성과 검증을 고려할 수 있게 된다. 이 시기부터는 추상적으로 생각하고 추론할 수 있게 되며, 종교적인 상징의 의미를 조금씩 이해할 수 있게 된다.

구체적 조작기의 어린이들

피아제의 연령 구분에 따르자면 초등 학교 어린이들은 구체적 조작기에 해당된다. 이 시기의 어린이는 사실 그대로 또는 구체적으로 생각하기 시작한다. 전 조작기에서 구체적 조작기로의 전환은 지각에서 지적 작용으로의 이동을 의미한다. 이는 개념화의 형태가 가능한 시기라는 것이다. 이 기간 중의 어린이는 구두적 추리력에 제한되어 있다. 이것은 개념이 보다 추상화될수록 신학적 개념을 처리하기가 매우 어렵다는 것을 의미한다.

이 시기의 어린이는 특별한 상황이나 사례를 넘어서는 일반화의 능력이 부족하다. 그의 지적인 능력은 자신이 내면화할 수 있는 실제적 행위에 제한되어 있다. 따라서 그의 신학적 개념에 대한 이해는 그의 앞에 있는 구체적인 경우나 지식의 일반화에 제한되어 있다.

아마도 이 기간 중 어린이의 발달에 있어서 가장 의미 있는 향상은 정보 분류 능력일 것이다. 이는 신학적 개념 형성을 향한 의미 있는 발전이라고 할 수 있는데, 그 이유는 어린이가 보편적인 요소들을 범주화하고 식별하기 위한 구조를 형성하기 시작했기 때문이다. 보편적인 상호 관계를 집단화하는 그의 기량이 확대됨에 따라 개념을 형성하는 능력도 자라나게 된다.

어린이가 정보를 집단화하는 능력을 확보함에 따라 현저한 특징이 나타나기 시작한다. 초등부 나이가 되면 계층 상호 관계의 서열에 대한 의식 발달이 보다 두드러지게 나타난다. 예를 들어 어린이는 이제 성경에서 소선지서, 복음서, 서신서의 구분을 이해하기 시작한다.

개념 형성을 위해서는 최소한 6개의 분류 작용이 필요하다. 정보의 결합, 구분 또는 분리, 정보를 소그룹으로 분류, 순서에 따른 조직화, 대치, 반복이 그것이다. 이들 과정을 통해서 학습자는 공통적인 연상들을 발견하고 요소와 원리의 정체를 식별함으로써 그의 확장된 학습의 저장소를 견고히 한다. 이들 기량은 하나님, 그리스도, 구원에 대한 온전한 개념과 다른 교리 개념들을 개발하기 위한 기초로서 매우 중요한 것이다.

개념 능력은 구체적인 상황에 뿌리를 두고 있다. 상호 관계의 집단화와 정보의 분류는 초등 학생 어린이가 다룰 수 있는 구체적이고 확실한 상황으로 제한되어 있다. 성경 분류에 대한 이해를 형성함에 있어서 어린이는 교사가 이들 구분 내용에 대한 요약을 하거나 성경에서 실례를 들어 설명해 줌으로써 이 구분을 깨닫게 된다. 그러나 죄에 대한 신학적 개념을 이해하기란 보다 어려운 일이다. 왜냐하면

이는 보다 추상적이며 덜 명확하고 덜 구체적인 바탕에서 도출되어야 하기 때문이다.

　이 발달 시기 동안에 어린이는 더욱 더 활동적이 되며, 좀더 긴 집중 시간을 갖는다(10~20분). 그러나 가르침은 여전히 다양하고 창의적이어야 한다. 이 단계에 있는 어린이는 매우 호기심이 많으므로 생각하게끔 만드는 질문들을 하도록 격려받아야 한다. 이들은 물건 모으기를 좋아하고 게임과 수수께끼를 즐긴다. 또 독서할 수 있는 나이이므로 그 자신의 개인적인 용도를 위해서나 가족과 함께 참여하기 위해서 기독교 자료와 접할 수 있어야 한다. 쉽게 외울 수 있으므로 성경 암송이 유익하다. 어린이에게 그른 것과 옳은 것이 무엇인지를 가르쳐야 하며, 좋고 경건한 습관들을 지닐 수 있도록 가르쳐야 한다. 이 시기의 어린이는 구원 계획을 이해할 수 있으므로, 이전에 그리스도를 구주로 받아들이지 않았다면 그렇게 할 기회가 필요하다.

　초등 학생 어린이들이 가져야 할 신학적 개념들은 다음과 같다.

〈표 12〉 초등 학교 어린이들이 가져야 할 신학적 개념

	1~3학년	4~6학년
하나님	1. 강하시고, 믿을 수 있다. 2. 거룩하시고, 죄를 미워하신다. 3. 용서하시는 아버지다. 4. 찬양과 기도를 드릴 수 있다. 5. 세상 모든 사람들과 나를 사랑하신다. 6. 하나님이 지으신 세계와 나를 돌보신다. 7. 우리가 기도하고 성경 읽기를 원하신다.	1. 절대적으로 완전하고 거룩하며 공의로운 분이시다. 2. 왕이시다. 3. 한 분이시나 3위-아버지, 아들, 성령-가 계신다. 4. 나는 그분께 충성해야 한다. 5. 율법을 주셨고, 권위가 있으시다. 6. 죄의 심판자이시다. 7. 나를 위한 목적과 계획을 가지고 계신다.
예수님	1. 하나님이시고 예수님이시며 그리스도시다. 2. 개인이 받아들일 수 있는 구세주시다. 3. 어린이의 모범이시다. 4. 신뢰할 수 있다. 5. 하나님의 아들이시다. 6. 우리의 죄를 위해 죽으시려고 땅 위에 오셨다. 7. 다시 살아나셔서 지금은 하늘에 계신다.	1. 최고의 영웅이시다. 2. 나의 구세주시다. 3. 나의 주인이시다. 4. 공식적인 신앙 고백의 대상이시다. 5. 예수님 자신이 육신을 입음으로써 하나님이 계획하신 일을 행하실 수 있었다. 6. 나의 본보기가 되신다. 7. 동정녀에게서 탄생하셨다.
성경	1. 하나님의 책으로서, 하나님에 관해서 말씀하고 있다. 2. 기적 이야기가 있다. 3. 내 인생에서 권위를 가지고 있다. 4. 내 문제의 해결책을 찾을 수 있다	1. 하나님의 표준을 알려 준다. 2. 배워야 할 연대기, 역사, 지리를 담고 있다. 3. 내 문제의 해답을 알려 준다. 4. 일상 생활의 경건을 위해 사용되어야 한다.

	1~3학년	4~6학년
성경	5. 반드시 읽고 암송해야 한다. 6. 크게 구약과 신약의 두 부분으로 되어 있다.	5. 존중하고 암기해야 할 책이다. 우리의 일상 생활에 옮겨야 할 하나님의 진리이다.
교회	1. 교회는 하나님의 집이다. 2. 하나님의 백성이 모이는 장소이다. 3. 내가 책임을 맡고 있는 가족과 같다. 4. 내가 이해해야 하는 의식이 있다. 5. 교회는 단순한 건물만이 아니라 그 속에 있는 사람들까지 포함한다.	1. 내가 회원이 되어야 하는 교회다. 2. 나는 의무가 있다. 3. 내가 내 친구에게 주님과 그 말씀을 소개하는 장소이다. 4. 경배의 장소다. 5. 하나님께 봉사할 수 있는 장소이다.
나의 생활	1. 내 문제를 통해 하나님의 도우심을 구할 수 있다. 2. 하나님의 뜻과 말씀의 관점에서 인생을 해석해야 한다. 3. 죄에 대해 슬퍼하는 태도를 가져야 한다.	1. 하나님의 기준에 따라 살아야 한다. 2. 다른 사람을 고려한다. 3. 하나님께서는 내 삶에 대한 계획을 갖고 계신다. 4. 문제가 하나님의 말씀으로 해결된다.

(요셉 천 2세 로버트, "어린이들의 특성과 필요에 따른 지도", 케네스 갱글 외, 참된 기독교 교육자를 만드는 교수법, 서울: 디모데, 1994, p.137에서 수정 인용.
길버트 비어스, " 아동에 대한 신학적 개념 교육", 로버트 클락 & 로이 주크, 교회의 아동 교육, 서울: 생명의말씀사, 1989, pp.180-185에서 수정 인용.)

어린이의 신학적 개념 형성을 돕기 위해서

우선적으로 교사는 어린이가 가지고 있는 신학적 개념들을 정확히 파악하는 것이 중요하다. 연령에 적절한 개념이 무엇인지를 파악하고, 어린이들이 형성하지 못한 개념이 어떠한 것인지 찾아내는 것이 중요하다. 어린이의 사고 체계를 이해하기 위해서는 어린이의 대화를 알아듣기 위한 훈련된 지각적 기량을 개발해야 한다. 교사들은 어린이들의 단어 선택에 관심을 기울여야 할 것이다. 누구든지 어린이가 사건에 부여하는 의미에 귀를 기울이면, 그는 어린이가 성경의 진리를 깨닫는 범위를 보다 온전하게 알게 될 것이다.

어린이의 개념을 정확히 파악한 후에는 적절한 가르침으로 신학적인 개념들을 형성하도록 하는 것이 중요하다. 웨이크필드는 다음의 원리를 신학적 개념 형성을 위한 것으로 제시하고 있다.

1. 어린이가 상징적인 개념을 이해할 수 있을 때까지 이를 가르치지 말라.
2. 어린이에게 가르치기 전에 교사 자신의 신학 개념을 분명히 정립해야 한다.
3. 단어를 체험과 결합시키고, 체험을 단어와 결합시켜야 한다. 단어와 체험은 서로를 보강해 주고 명료하게 해준다. 체험은 단어의 보다 깊은 의미를 설명하며, 단어는 체험을 분명하게 해준다.
4. 나중에 고쳐서 가르쳐야 할 것은 아예 가르치지 말아야 한다.
5. 신학 개념을 "활동력이 없는 개념"의 차원을 넘어서 일상 생활의 원리로 옮기도록 노력해야 한다. 예를 들어 어린이가 하나님의 전능하심을 알고 있다면 자신의 생활 속에서 그것을 응용하도록 도와야 한다.

6. 진보보다는 풍성한 것이 중요하다. 어린이가 백과사전식으로 이해하기보다는 기본 진리에 대한 풍성한 의미를 얻도록 도와주어야 한다.
7. 한번에 한 개념씩 다루어야 한다.
8. 정보를 어린이의 지적 수준에 맞게 조정하여야 한다.
9. 어린이가 정보의 의미를 시험하고 이해할 수 있는 방법을 통해 정보와 자신의 체험을 통합할 수 있도록 노력해야 한다.

어린이의 도덕 발달

하버드 대학의 심리학자이자 교육학자인 콜버그는 일곱 단계의 도덕 발달, 도덕적 원인, 도덕적인 주제들에 대한 판단을 정의했다.

첫번째 단계에서 옳고 그른 것은 결과에 의해 결정된다. "만약 내가 벌을 받는다면 그 행위는 나쁜 것이다"라는 식의 생각이다. 힘은 옳은 것을 만들고, 어린이는 가장 힘센 사람에게 복종하는 것을 배운다. 이 단계에 있는 어린이는 어떤 것이 옳은 것인지 그른 것인지는 잘못된 행동에 대한 육체적인 결과에 의해 결정된다고 믿는다. 첫번째 단계에 있는 어린이들은 자기에게 표현되는 말투에 의해 옳고 그른 것을 안다. 그들은 더 힘센 사람에게 복종하며 생각한다. "내가 하는 행동은 옳은 것임에 틀림없다. 왜냐하면 내가 그것을 했다고 벌을 받지는 않았기 때문이다. 내가 잘못된 일을 하면 하나님께서 나를 벌하실 것인데, 하나님께서 내게 벌을 주시지 않으셨으니 나는 그 어떤 잘못된 일도 하지 않았음에 틀림없다." 첫번째 단계에서의 관점에서 보면, 어린이는 자신을 벌하거나 상을 주는 책임을 가지고 있는 힘센 사람을 주목한다.

두번째 단계에서 옳고 그름은 무엇을 만족시키느냐에 따라 결정된다. "만약 그것이 좋게 느껴지고 맘에 든다면 그것은 옳은 것임에 틀림없다. 그러므로 그 일은 좋은 것이다. 내가 그것을 좋아하고, 좋게 느끼고, 심지어 다른 어떤 사람도 다치게 하지 않았는데 어떻게 무엇인가가 잘못될 수 있는가?"

세번째 단계에서 옳고 그름은 중요한 의미를 가지는 다른 사람에 의해 결정된다. 옳고 그름은 우리의 삶에 있어서 의미 있는 사람들(부모님, 친구들, 선생님들, 목회자들, 형제들, 다른 친척들)에 의해 결정된다. 어린이들은 자신들의 부모가 좋아할 일을 하기를 원한다.

네번째 단계에서 옳고 그름은 모든 사람들의 이익과 연관되어 수정된 규칙들과 법들에 의해 좌우된다. 우리는 하나님의 법들을 존중한다. 왜냐하면 법들이 없으면 무정부 상태가 될 것이기 때문이다. 네번째 단계에서 도덕 발달은 자아의 밖에 기원을 두고 있으며, 법과 규칙들 안에서 구체화되는 것이다. 이는 추상적인 사고를 요구한다. 옳음과 그름은 우주적인 원칙이며, 이 단계의 발달에 있는 어린이에게는 추상적인 것이다. 사실 이 시기의 어린이의 인식 기능은 전(前)조작기나 전(前)논리적 단계 정도밖에 발달하지 못했기 때문에 이러한 원칙이나 법들을 완전히 이해하지는 못한다. 어린 아이일수록 벌이나 벌의 결과 그리고 그의 부모(아니면 다른 의미 있는 사람)와의 커뮤니케이션에 의해 더 잘 이해한다. 어른들은 작은 아이들과 무엇이 옳은지 또 그른지에 대해 이야기를 나누어야 한다. 그러나 어린이들과 대화할 때 우리는 그 어린이의 이해의 단계에 대해서 잘 알아야 한다. 어른들은 잘못된 행동의 결과들과 실수 때문에 다른 사람이 느끼게 되는 나쁜 감정들, 그리고 하나님과 엄마, 아빠는 어린이들의 잘못된 행동이 아니라 어른들을 기쁘게 하는 행동을 기대한다는 것에 대해서 어린이들과 이야기를 나누어야 한다.

콜버그의 도덕 발달 중에서 다섯째, 여섯째, 일곱째 단계는 여기에서 다루지 않는다. 일곱째 단계는 심지어 어른들에 의해서도 거의 성취되지 못하며, 네번째 단계 역시 고등 학생 때가 끝나갈 때까지는 발견되지 않는다고 여겨지기 때문이다.

신앙 발달의 단계

신앙 발달의 단계는 제임스 파울러에 의해 제시되었다. 파울러는 그의 6단계에 대해 좀더 전문적인 이름을 붙였지만 본 글에서는 어린이들의 신앙 발달의 단계를 이해하기 쉽도록 덜 전문적인 단어들을 사용하려고 한다. 또한 5단계와 6단계는 어린이들의 신앙 발달의 단계가 아니므로 본 글에서는 다루지 않는다.

신앙 발달의 첫번째 단계는 "나의 부모님의 신앙" 단계이다. 파울러는 부모를 최초의 어른이라고 표현했다. 즉 어린이들이 그의 삶에 있어서 가장 먼저 접촉한 부모나 다른 의미 있는 사람들을 가리키는 것이다. 기독교 신앙을 가진 부모를 둔 어린이들은 그들의 어린 아이 시절을 기독교인으로서 보내는 것이 일반적이다. 이런 어린이들이 자신을 불교 신도라고 선언하는 일은 거의 없다. 그 어린이들의 믿음은 그들의 부모가 가지고 있는 하나님과 인류 사회에 대한 그들의 구원에 대한 믿음 안에서 발견된다.

두번째 단계는 "우리 교회의 신앙" 단계이다. 이 신앙의 기원은 여전히 의미 있는 다른 사람들이다. 그러나 이때는 교회에 초점이 맞추어진다. 이 단계에 있는 어린이들은 이렇게 얘기할지도 모른다. "나는 ○○교회에 간다." 이 어린이들은 종파의 의미에 대해서는 전혀 알지 못한다. 각 교회의 차이에 대해서도 모른다. 단지 이 어린이들은 자신이 속한 교회 즉 그 교회의 사람들에 대해 이야기하는 것이다. 이 단계의 어린이들은 목회자를 그들에게 그들이 믿어야 할 것을 말해 주는 사람으로 본다. 주일학교 교사는 그들에게 많은 영향을 끼친다. "두번째 단계"에서 어린이들에게 중요한 사람들은 교회의 지도자들이다.

세번째 단계는 "내 공동체의 신앙" 단계이다. 이는 보다 큰 사람들의 그룹으로부터 받은 영향들에 기초를 두고 있다. 그리고 이는 여전히 자아의 밖에 자리 잡고 있다. 이 세번째 단계에서 믿음의 공동체는 좀더 큰 교회의 그룹들이다. 이 단계에서 아이들이 정체성을 가지고 있는 더 큰 종교적인 몸과 몸들은 그들의 신앙의 내용을 제공하는 일과 종교적인 메시지들과 경험들, 사고 방식들을 이해할 수 있도록 돕는다.

네번째 단계는 "나 자신을 위한 나의 믿음" 단계이다. 이는 보다 성숙한 믿음을 요구하는 것으로, 신앙의 이해와 내면화에 있어서 보다 커다란 발전이다. "나 자신을 위한 신앙"은 우선 "나에게 있어서 실재란 무엇인가?"라는 질문에 대해서 답하는 것이다. "너희가 거듭난 것이 썩어질 씨로 된 것이 아니요 썩지 아니할 씨로 된 것이니"(벧전 1:23)의 말씀은 리빙 바이블(Living Bible)에서는 다음과 같이 번역된다: "너는 새로운 생명을 가졌다. 이는 너의 부모로부터 물려

받은 것이 아니다." 이것이 의미하는 바는 하나님께로 가는 길은 너 자신의 믿음 – 아버지의 믿음이나 어머니의 믿음 혹은 우리의 조부모들이나 목회자 또는 교회나 교단의 믿음이 아닌 – 을 통해서만이 가능하다는 것이다. 네번째 발달 단계 이전에 있는 사람은 이러한 진리를 이해할 수 없다. "이러한 것들을 믿는 것은 내 교회나 내 부모, 나의 교단이 아니다. 나는 나 자신을 위해서 믿는다. 이것은 나의 믿음이다." 부모나 공동체의 신앙에서 개인의 신앙이 생기는 그 순간은 일반적으로 청소년기의 어느 한때이다.

어린이들은 자신이 믿는 것을 알 필요가 있다. 그리고 그들의 삶에 있어서 중요한 의미를 가지는 어른들 특히 부모와 교사는 어린이들이 그러한 발전 지점으로 옮겨 갈 수 있도록 위임해야 한다. 어린이들이 예수 그리스도에 대한 지식을 갖게 된 후, 어른으로서의 교사와 부모는 그들이 스스로 계속해서 성장할 수 있도록 그들을 도와야 한다.

어린이와 복음

예수님은 안전하게 있는 아흔 아홉 마리의 양 대신에 잃어버린 한 마리를 찾아 나선 목자의 이야기를 들려 주셨다. 교사의 모습은 이와 같아야 한다. 예수님께서는 교사들을 목자로 부르셨다. 잃어버린 자들을 찾는 목자의 의무는 교사로 하여금 복음에 대해 민감할 것을 요구한다. 교사들은 어린이들에게 복음을 제시함에 있어서 극단적인 면으로 치우치는 경향이 있다. 어떤 교사는 모든 활동과 수업을 구원의 확신에 초점을 맞추려고 한다. 그리고 무의식적으로 아이들에게 복음을 받아들일 것에 대해 압력을 가한다. 또 어떤 교사는 하나님께서 지금 이 순간 어린이들을 그리스도 안의 인격적인 관계로 부르시고 계심을 전혀 이야기하지 않거나 거의 언급하지 않는다. 왜냐하면 그것이 너무 복잡한 것이어서 아이들이 이해하기에는 너무 어렵다고 생각하거나, 아이들에게 있어서 너무 추상적인 것이라고 믿기 때문이다.

그러나 기독교 교육에 있어서 어린이들을 영적인 삶의 원천으로 인도하는 것과 그들이 믿음 안에서 응답하도록 격려하는 일은 아주 중요한 부분이다. 이제 어린이들은 그들의 삶 가운데로 그리스도를 초대하고, 그에게 죄를 고백하고 용서를 구할 수 있는 단계에 와 있다. 어린이들은 그들의 삶의 주인이 예수 그리스도이심을 고백하고, 그들의 삶을 헌신하며 순종하도록 결단할 준비가 되어 있다. 그들이 성숙한 기독교인들로서 주님과 함께 걷는다는 의미를 완전히 이해하지 못한다고 해도 말이다.

하우웰은 어린이들에게 복음을 제시하는 것에 대해서 교사들이 해야 할 것과 하지 말아야 할 것의 목록을 다음과 같이 제시한다.

교사들이 해야 할 것들은 이러한 것들이다.

첫째, 어린이들에게 구원의 계획에 대해 설명하는 것이다. 둘째, 어린이들에게 그룹의 상황에서뿐만 아니라 일 대 일의 관계에서 구원에 대해 좀더 배울 수 있도록 기회를 제공해야 한다. 셋째, 교사는 어린이들이 개인적인 응답을 하는지 확인하여야 한다. 넷째, 어린이들이 현재 그리고 전 삶을 통해서 주님께 순종하도록 도전하여야 한다.

또한 교사는 어린이들에게 복음을 제시할 때에 다음과 같은 부분에 유의하여야 한다. 첫째, 가능하다면 아이들을 한 무리로 만들어 그리스도께 인도하지는 말아야 한다. 어린이들이 개인적으로 구원에 대해 설명을 듣고 개인적으로 응답할 수 있도록 도와주어야 한다. 둘째, 어린이들이 예수 그리스도를 영접하겠다고 결정을 한 것에 대해서 결코 그들에게 선물들이나 책들로 보상해서는 안 된다. 셋째, 모든 아이들이 다 응답할 것이라고 기대하지 말아야 한다. 넷째, 어린이들에게 일생을 다 드려야 할 사역에 대해 지원하도록 요구하지는 말아야 할 것이다.

어린이들에게 복음을 제시하고 그것을 받아들이도록 하는 것은 무엇보다도 중요하며 또 어려운 일이다. 교사는 정확하게 어린이들의 영적 상태를 파악하고 있어야 하며, 치밀하게 계획하여 가장 효율적으로 또한 어린이들의 연령과 발달 상태에 가장 적절하도록 복음을 제시하여야 할 것이다.

그러나 여기에서 교사들이 간과하지 말아야 할 것은 성령의 사역이다. 모든 기독교 교육이 그러하지만 특히 어린이들에게 복음을 제시하고 영접하게 하는 것은 성령의 전적인 사역이다. 교사는 그러한 사실을 인정하고 성령을 온전히 의뢰하는 마음으로 최선을 다하되 잃어버린 양을 찾는 마음으로 일해야 할 것이다.

❓ 생각해 볼 문제

1. 본인이 담당하고 있는 어린이들이 어떠한 신학적 개념을 가지고 있는지 살펴보고, 혹시 잘못된 개념은 없는지, 있다면 어떻게 수정해야 할지에 대해 생각해 보세요.

2. 본인이 담당하고 있는 어린이들의 도덕 발달 단계와 신앙 발달 단계가 각각 어느 단계인지 점검하고, 다음 단계로의 발달을 위해 무엇을 도와주어야 할지에 대해 생각해 보세요.

3. 어린이들에게 간략하면서도 효과적으로 복음을 전할 수 있는 방법에 대해 생각해 보세요.

5장
교수-학습 과정

내 형제들아 너희는 선생 된 우리가 더 큰 심판 받을 줄을 알고
많이 선생이 되지 말라(야고보서 3장 1절)

교수(teaching)란 무엇인가?

교수(teaching)는 야고보서 3장 1절 말씀에서 나타나는 바와 같이 중대한 사명이며, 진지한 관점을 필요로 하는 사역이다. 교수는 학습과 발달이 시작되는 곳에서 학습자의 경험과 함께 시작되어야 한다. 이러한 차원에서 볼 때 교수는 경험들을 통제하여 학습이 미리 결정된 목적과 조화를 이루게끔 하는 수단이라 할 수 있다. 따라서 가르칠 때에 우리는 학습자가 어떠한 상태로 될 것인가에 대한 것보다 학습자가 어떻게 현재 상태와 같이 되었는가, 그리고 앞으로 어떠한 상태로 될 것인가에 대하여 더 많은 생각을 기울일 필요가 있다.

훌륭한 교수는 가르침을 받는 사람들의 관점에서 수행되며, 그들이 살고 있는 환경과 조건을 고려하여 수행된다. 교수는 단순히 어린이들에게 여러 일들을 말해 주며, 어린이들에게 사실들을 되풀이하게 하며, 학과 내용을 들으며, 일련의 질문들을 던지며, 형식과 과정을 따르며 혹은 장치와 방법에 맹종하듯 의존하는 등의 업무가 아니다. 교수는 고정된 과정이 아니라 상상력과 독창성 및 판단력을 자유 자재로 구사할 수 있는 역동적이고 열정적이며 희망적이고 숙달된 사람에 의해 이루어지는 고되고 지속적인 작업인 것이다.

어린이를 위한 가르침은 창의적이며 독창적인 능력을 요구한다. 효과적인 교수는 학습자들의 정신적인 반응에 대한 통찰력과 기민한 사고, 학습자들의 사고를 자극할 수 있는 능력 그리고 복잡한 학습 행위들을 유기화하여 구성하며 그 학습 행위들을 규정된 목표를 향하여 지향시킬 수 있는 역량을 요구할 뿐만 아니라, 광범위한 전문적인 준비를 배경으로 하여 형성된 지도력을 요구하는 것이다.

교수의 구성 요소

하버마스와 이슬러는 가르침은 다음과 같은 일곱 가지 요소들을 포함한다고 주장한다. 교사, 교육 과정, 학습 목표, 학급과 개인 학습자, 전체적인 환경, 교육 활동, 가르침의 결과가 그것이다.

교사

교수의 첫번째 요소는 교사이다. 기독교 교육에는 두 종류의 교사가 존재한다. 성령님과 인간 교사이다. 성령님께서는 모든 신자들의 말씀 교육에 지속적인 영향을 끼치신다. 또한 인간 교사는 하나님께서 주권적으로 주신 가르치는 은사뿐만 아니라 받은 은사를 개발하고 사용해야 할 책임이 있다.

훌륭한 교사들은 네 가지를 잘 알아야 한다. 첫째, 교사들은 완전한 교사이신 주님을 알아야 한다. 예수님은 가장 탁월한 교사이셨다. 또한 예수님의 사역과 말씀은 기독교 교육의 주요 핵심이다. 예수님을 제외한 기독교 교육이란 있을 수 없다. 교사들은 무엇보다도 예수님에 대하여 잘 알고 있는 전문가라야 한다. 둘째, 교사들은 자신이 가르치는 대상을 잘 알아야 한다. 즉 어린이들의 특정한 필요들을 충족시키기 위해서는 먼저 그들을 잘 알아야 하는 것이다. 예를 들어 어린이들의 신체적·지적 발달의 특징, 효과적인 방법론, 또한 어린이들의 삶의 현장들을 잘 파악하고 있을 때 효과적인 가르침이 가능하다. 셋째, 교사들은 그들이 가르쳐야 하는 내용을 잘 알아야 한다. 가르치고자 하는 주제에 대해 정통하며, 개인적인 신념과 열심이 있어야 한다. 교사 자신이 확신하고 실제로 삶에 적용하는 내용이 아니라면 그 가르침은 힘을 잃고 말 것이다. 교사는 자신이 가르치는 내용을 지식으로 뿐만 아니라 삶으로도 잘 알고 있어야 하는 것이다. 마지막으로, 교사들은 가르치는 방법을 알아야 한다. 가르침은 말하는 것 이상의 의미를 내포한다. 교사들은 가르침에 대한 이해, 삶의 모범, 어린이들의 관심을 지속적으로 끌고 갈 수 있는 것에 대한 이해 등을 가지고 있어야 한다.

교육 과정

'교육 과정'(curriculum)이라는 말은 '경주로'를 의미하는 라틴어에서 유래했다. 교육에 있어서 그것은 '연구의 과정'을 의미한다. 교사들은 '학습자들의 성숙을 돕기 위한 과정이나 계획을 가지고 있는가?'를 자문해 보아야 한다. 주제의 선정과 배열을 위해서는 이론적 근거가 있어야 하는 것이다. 만약 그렇지 않으면 임시 방편으로 매번 다른 기초 위에서 주제를 설정하게 될 것이다. 교육 과정을 결정할 때에는 교회(총회), 교재 발행자들, 교사들, 학생들 모두를 고려하여 결정해야 한다.

교육 과정에 있어서 특히 주의할 것은 학생들이 미리 계획된 교육 과정만을 배우게 되는 것은 아니라는 사실이다. 교육이 이루어지는 동안 계획하지 않았던 학습들이 일어난다. 이것을 잠재적인 교육 과정이라 부른다. 중요한 것은 이러한 잠재적인 교육 과정 즉 비언어적인 가르침이 말로 전달하는 언어적 가르침보다 더 설득력 있게 전달된다는 것이다. 하나님의 사랑을 가르치는 교사가 사실 어린이들을 사랑하지 못하고 있다면 어린이들은 언어로 배운 사랑의 하나님

보다 비언어적으로 배운 무서운 하나님을 더 잘 인식하게 될 것이다. 교사는 이러한 잠재적 교육 과정을 잘 인식하고, 가능한 한 의도적으로 계획하여 효과적인 교수가 일어나도록 해야 한다. 교실의 환경, 교사의 언어, 교사의 모범 등 이 모든 것들이 잠재적 교육 과정으로 어린이들에게 가르쳐질 것이다.

학습 목표

가르친다는 것은 의도적인 행동이다. 어린이를 가르치는 교사들은 누구나 할 것 없이 학습자인 어린이가 배우기를 갈망한다. 이때 모든 교수 상황은 명백한 목표와 암시적인 목표들을 포함하고 있고, 목표를 달성하려면 계획이 있어야 한다. 단지 내용을 준비하는 것으로 끝나는 것이 아니라 그것을 전달하기 위한 학습 계획안을 개발하여야 하는 것이다. 이 계획안에 따라 실제적인 가르침이 일어나는 것이다. 또한 교사는 학습 과정뿐만 아니라 이 학습을 통해 이루어질 결과까지도 계획을 세워야 한다.

학습 목표를 문자로 기술하는 것은 매우 중요하다. 교사들은 흔히 가르치려는 주제만 정하는 경향이 있는데, 그 외에도 다른 중요한 요소들이 있음을 잊어서는 안 된다. 하버마스와 이슬러는 목표(aim)의 영어 철자를 사용하여 목표 진술을 위한 세 가지 요소를 제공한다.

1) 학생들의 학업 성취 수준(achievement level of student learning)
2) 학생들의 학습 척도 또는 계획된 탐구(indicator of student learning or investigation planned)

3) 가르침의 중심 주제(main subject taught)

교사는 때때로 학습 목표를 조정할 필요가 있다. 예를 들면 교사가 바라는 것만큼 학생들이 준비되어 있지 못할 경우에 교사는 학습 목표를 바꾸어야 한다. 또한 특별한 사건이나 어려운 일이 있을 때에는 미리 정해 놓은 수업 대신에 그 사건을 다룰 수도 있다. 만일 한 어린이가 가족의 죽음을 맞이했다면, 교사는 죽음과 그 이후에 대해 가르칠 수 있을 것이다. 이처럼 융통성을 지닌 학습 목표는 수업을 더욱 효과적으로 만들 것이다. 학습 목표는 도로 지도와 같다. 교사가 목적지를 알고 있다면, 그 목적지로 향하는 길이 많이 있을 때에 그중에 가장 적절한 길을 선택해야 한다. 그러나 중요한 것은 교사가 반드시 마지막 종착점을 인식하고 있어야 한다는 사실이다.

학급과 개인 학습자인 어린이

교육의 책임 소재에 대하여 대다수 사람들은 교사들이 학습자들의 학습에 대해 전적인 책임을 지는 것으로 생각하고 있다. 그러나 각 사람은 모두 청지기로서 창조주에 대해 책임이 있다는 것을 기억할 필요가 있다. 즉 어린이들에게 배우고자 하는 열망이 가득 차 있을 때 학습의 효과는 뛰어날 것이고, 성취도 역시 탁월할 수 있는 것이다. 교사는 학생들의 참여도(학생의 성숙도와 학습 상태)에 대한 평가(또는 가설)를 근거로 수업 계획을 세워야 한다. 정상적인 성장 발달 유형과 각 연령별로 적절한 능력이 어떤 것이라는 것을 안다면 교사는 학습자에게서 비정상적인 것들을 발견할 수 있을 뿐만 아니라 정상적으로 더 성장하도록 격려할 수 있게 된다.

전체적인 환경

어린이를 가르치는 교사와 학습자인 어린이는 특정한 상황–교실, 교회, 거실, 캠프 등–에서 가르치고 배운다. 어떠한 상황에 있든지 거기에 포함되어 있는 요인들 중에는 학습에 다리를 놓아 주는 것도 있고 장애가 되는 것도 있다. 편안한 의자, 적당한 조명, 훌륭한 음향 시설, 좋은 교육 보조 기재들은 학습에 도움이 될 것이다. 반면에 시끄러운 소리, 너무 덥거나 추운 방 등은 학습에 장애를 주는 환경들이다.

환경은 다음과 같이 다섯 가지 요소로 나누어 생각해 볼 수 있다. 첫째, 물리적 요소이다. 적절한 좌석 배열, 적당한 온도, 조명, 음향, 교육 기자재, 교실의 크기, 통풍 등이 이 요소에 속한다. 두번째는 조직적 요소이다. 교육 방식, 교육 과정, 행정, 재정과 예산안, 교재와 교육 과정 자료들, 교수-학습 계획안, 단체의 규칙 등이 조직적인 요소에 속한다. 세번째는 관계적 요소이다. 교사와 학생간의 관계, 학생 상호간의 관계, 참여도, 교실 외의 장소에서의 교사와의 만남의 기회, 학습의 사기 등이 이에 속한다. 네번째는 문화적 요소이다. 공동체의 사회 경제적 지위와 가치 기준, 교사와 학생의 역할과 기대, 여성의 사회적 역할에 대한 기대 등이다. 마지막은 역사적 요소로서, 학습에 영향이 있었던 이전의 교육들이 이에 해당한다.

교육 활동

어떠한 교수 상황이든지 간에 교사는 학습자와 그 주제를 가지고 상호 관계를 맺을 수 있도록 어떤 방법을 선택하게 된다. 교수법을 선택할 때는 학습자들이 학습에 참여하도록 동기를 유발하거나, 학습자들이 주제에 대한 실제적인 학습을 하도록 촉진시키는 데 도움이 되는 방법을 선택해야 한다. 교수 활동은 연령에 적절한 활동인지, 활동 형태는 어떠한지, 책임 있는 참여자가 있는지, 활동을 뒷받침하는 학습 원리가 있는지, 활동 기능은 어떠한지 등을 고려하여 조직하여야 한다.

가르침의 순서는 크게 논리적인 순서와 심리적인 순서로 나누어진다. 논리적인 순서는 기초적인 문제에서부터 특별한 관심사로, 이론에서 실제로 진행된다. 이와는 대조적으로, 심리적인 순서는 학생들의 흥미에 집중한다. 심리적 순서의 좋은 예가 리처드스의 "hook, book, look, took" 접근법이다. 리처드스는 성경을 삶에 적용시키는 단계를 다음과 같이 네 단계로 나누어 제시하고 있다. 그 첫 단계는 주의 끌기(hook) 단계이다. 여기에서는 어린이의 관심을 포착하고 목표를 세우며 자연스럽게 성경 공부로 인도하게 된다. 학생들이 흥미를 갖고서 학습 주제에 초점을 맞추도록 돕는 것이다. 두번째 단계는 주제 연구하기(book) 단계이다. 이 단계에는 교사가 어린이에게 성경 지식을 제공하며 이해를 도와서 본문에 대한 의미를 분명히 하는 성경 공부가 포함된다. 세번째인 적용점 살피기(look) 단계에는 학생들이 삶과 진리와의 관계를 깨닫도록 교사가 지도하는 것이 포함된다. 배운 내용이 현재에 주는 일반적인 의미가 무엇인지 찾는 것이다. 실천 사항 찾기(took) 단계는 마지막 단계로서, 학생들이 하나님의 뜻을 발견하고 결심하며 이를 실천하기 위한 계획을 세우도록 이들을 돕고 인도함으로써 이들의 반응을 요구하는 단계이다. 학생들이 개인적으로 무엇을 할 것인지 결단하는 시간인 것이다.

가르침의 결과

"결과"란 학습의 결과로 학습자들에게 나타나는 변화들을 말한다. 그런 변화들은 학습 과정에서 그리고 학습 후에도 나타나게 된다. 교사들은 학습의 목적을 설계하면서 학습자들에게 어떤 결과가 나타날 것인가를 계획하고, 학습의 실제적인 결과가 나타나고 이것을 평가할 때 이 점이 잘 이루어졌는가를 살펴보는 것이 필요하다.

교사들이 예상하는 것과 실제로 일어난 것을 분별하기 위해서 스테이크는 수업 전과 수업 후의 교사의 생각을 다음의 도표와 같이 나누어 생각한다.

〈표 13〉 수업 전과 수업 후의 교사의 생각

수업 전	수업 후
준비 작업에 대한 예상 실제 준비 사항 계획에 대한 예상	실제 학습 활동 결과에 대한 예상 실제 결과

여기에서 준비 작업에 대한 예상은, 가르치기 전에 교사가 학생들과 교수 상황에 대해 사실일 것이라고 추정하는 것들 즉 학생의 동기 유발, 그들의 지식 수준, 교사의 동기 유발과 준비성 등에 대한 것들이다. 실제 준비 사항은 그 내용들이 실제로는 어떻게 나타났는가 하는 것이다. 계획에 대한 예상은 교사가 학습 목표를 이루기 위해 수업 시간 동안에 할 것으로, 계획을 세운 학습 활동의 순서이다.

실제 학습 활동이란 실제로는 어떠한 학습 활동이 이루어졌는가를 수업 후에 살펴보는 것이다. 결과에 대한 예상은 교육 활동 후에 성취될 것이라고 생각하는 것, 학습 활동 후에 학생들이 인지, 신념, 능력에 대해 학습하기를 희망하는 것을 뜻한다. 실제 결과란 수업 후에 실제적으로 어떠한 학습 결과를 가져왔는가를 살펴보는 것이다.

하버마스와 이슬러는 학습 결과를 위한 평가 기준으로 다음의 표와 같은 기준들을 제시한다.

〈표 14〉 학습 결과의 평가 기준

1. 목적(교육 과정과 목표)
    1) 의도된 결과 : 학습 목표가 어디까지 성취되었는가?
    2) 의도되지 않은 결과 : 어떤 다른 변화들이 학생들의 생활 속에 일어났는가?
    3) 학생들의 학습 결과가 성경적인 이상들과 어떻게 비교되는가?

2. 영역(학습의 수준)
    1) 인지(지식)
    2) 신념(태도, 가치 기준과 정서)
    3) 능력(기술과 습관)

3. 숙련(학습의 정도)
    1) 복잡 미묘함의 정도(지식의 수준)
    2) 보유 정도(단기인가, 장기인가?)
    3) 효과 : 학급에서 몇 %의 학생들이 최소한의 숙련도를 얻었는가?

(로날드 하버마스 & 클라우스 이슬러, 화목을 위한 가르침, 서울: 디모데, 1997, p.233)

교사 자신들도 위의 기준으로 학생들의 학습 결과만을 평가할 것이 아니라 자신의 학습을 나름대로 평가해 볼 필요가 있다. 다음의 질문들은 교사들이 스스로를 평가하는 데 도움을 줄 것이다.

1. 나는 어린이들에게 얼마만큼 동기를 부여했는가?
2. 나는 개인적이고 의미 있는 수업을 했는가?
3. 나는 기도했는가? 학습자의 생활에 결과를 기대했는가?
4. 나는 일어날 사건 모두를 예상해 보았는가?
5. 나는 각 영역에서 학습자의 필요를 만족시켰는가?
6. 나는 사랑을 가진 따뜻한 태도로 어린이들을 대했는가?
7. 나는 오늘 사역을 위해 얼마나 준비했는가? 어떻게 더 향상될 수 있는가?
8. 나는 무조건적인 사랑과 훈련을 잘 조화시켰는가?
9. 나는 성경 공부 활동을 적용했는가? 방법은 다양하게 했는가?
10. 나는 내 변화를 의도했는가? 그것은 의미 있는 일이었는가?
11. 나는 오늘 학습자가 능동적으로 참여하도록 유도했는가?
12. 나는 학습자가 오늘은 좀더 나아졌다는 것을 알게 되었는가?
13. 나는 성경에 나오는 목표를 강조하기 위해 시간을 사용했는가?
14. 나는 음악을 사용했는가? 말씀을 정확하게 가르쳤는가?
15. 나는 수업 시간 마지막 몇 분까지 계획했는가?
16. 나는 수업 목표를 달성했는가? 융통성은 있었는가?
17. 나는 지난 주 수업에 의존했는가? 복습은 했는가?
18. 나는 이번 주에 성경의 진리를 내 생활에 적용할 수 있는가?
19. 나는 다음 주 수업을 언제 어떻게 준비할 것인가?

학습이란 무엇인가?

학습은 변화를 가져온다. 학습은 우리의 경험과 상호 활동을 통해 일어나는 어떤 것이다. 그 변화는 학습 목표를 통해 의도된 것이다. 그러나 이것은 의도하지 않았던 변화까지도 포함한다. 기독교적 세계관으로 보았을 때 학습은 자연적이고도 초자연적인 일이다. 고린도후서 3장 17절~18절에 나타나 있는 것처럼 기독교 교육이란 그리스도를 닮아 가는 변화, 인간의 노력과 성령의 사역을 포함하는 과정을 수반하고 있다. 그리스도인의 학습은 성령의 감독하에서 계획적이거나 우발적인 경험을 통해 일어나는 변화이며, 그 안에서 지식, 태도, 가치 기준, 정서, 기술, 습관 등을 얻어 더욱더 그리스도를 닮은 삶의 양식을 갖추어 가는 것이다.

학습 준비도

효과적인 학습을 위해서는 어린이들의 배울 수 있는 '능력'과 배우고자 하는 '자발성'이 있어야 한다. 바울은 고린도 교인들이 성숙의 다음 단계로 나아갈 준비가 되어 있지 않은 것에 대해 실망했다. "내가 너희를 젖으로 먹이고 밥으로 아니하였노니 이는 너희가 감당치 못하였음이거니와 지금도 못하리라"(고전 3:2)

능력은 발달의 단계를 포함한다. 교사는 자기가 가르치는 어린이의 각 영역의 발달 단계를 정확히 파악하고 있어야 한다. 또한 어린이의 사전 학습 역시 고려되어야 할 것이다. 글을 읽을 수 없는 어린이는 성경을 읽고 연구하는 것이 불가능할 것이다. 교사는 어린이들의 지금까지의 학습 경험을 알고 있어야 할 필요가 있다.

자발성은 학생의 동기 유발 및 학습하고자 하는 의욕과 관련된다.

학습에 대한 학생들의 동기 유발은 학습 효과에 지대한 영향을 미친다. 교사가 할 일은 어린이들이 학습에 흥미를 가지도록 하고 또한 그 흥미를 지속시키는 것이다. 교사와 학생들간의 인격적 관계, 교사의 능력과 열성, 가르치는 방법, 학생들에 대한 교사의 기대 등의 요소들이 학생들의 학습 동기 유발의 요인이 될 수 있다.

학습 과정

학습이 학습자의 변화를 의도하기 때문에 변화가 없는 학습은 진정한 배움이라고 할 수 없다. 그러한 측면에서 생각해 볼 때 교수-학습 과정에 있어서 중요한 위치를 차지하는 것은 학습자인 어린이들이다. 학습으로 인하여 변화를 가져와야 하는 것은 바로 어린이들의 삶이다. 교사가 어린이들을 대신하여 그리스도를 받아들일 수는 없으며, 그들 대신 배울 수도 없다. 그러므로 근본적인 문제는 가르치는 것이 아니라 배우는 것이라고 볼 수 있다. 학생들이 어떻게 학습하는지를 모르면 교사는 자기의 이상대로 학생들을 가르칠 수 없다.

교수-학습에는 무엇보다 먼저 앎의 행위가 이루어져야 하는데, 이는 지적 인식의 과정으로서, 지식을 전달하고 암기하며 축적하는 행위를 '앎'이라고 말할 수 있다. 그러나 기독교 교육이 '앎'에만 머무르면 그것은 인간 변화도, 신앙 사건도 되지 못한다. '앎'은 반드시 '배움'으로 이어져야 한다.

배움이란 이미 지적으로 안 것을 행동의 틀에 응용하는 일이며, 결단과 행동을 가져오게 하는 소중한 자료로 사용되는 것을 말한다. 그러므로 기독교 교육에 있어서 교수-학습은 '앎'으로부터 '배움'으로 이어지는 새로운 차원으로 승화되어야 할 것이다. 성경에 대한 지적인 인식과 행동의 변화 모두를 포함하는 사건이 되어야 하는 것이다. 결국 배움이란 '생각하는 차원' 과 '느끼는 차원' 을 종합한 삶의 모든 경험과 참여에서 이루어진다.

이러한 학습 과정을 간단한 도표로 설명하자면 다음과 같다.

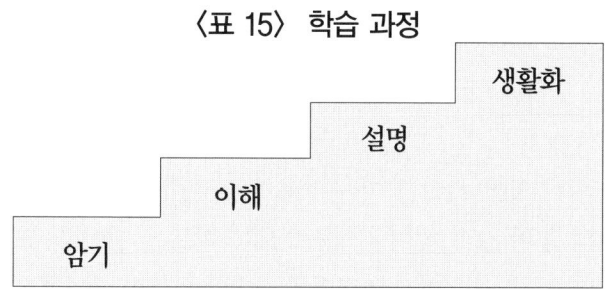

〈표 15〉 학습 과정

학습 과정의 첫번째 단계는 암기다. 암기는 비록 최종적으로 기대되는 결과는 아니지만, 매우 단순한 형태의 학습이라고 할 수 있다. 암기는 학습 과정상 필수적인 부분이라기보다는 한 부분이 될 수 있다. 암기는 비록 최종 목표는 아닐지라도 출발점이 될 수는 있다.

다음 단계는 이해의 단계이다. 이해 여부에 관한 단서는 어린이의 얼굴 표정, 웃음 또는 다른 행위적 신호에서 나타난다. 많은 어린이들이 언어로 표현하지는 못하지만 기본 개념을 이해하고 있다는 것을 교사는 인식해야 한다.

교사가 어린이를 도운 결과, 그가 다른 사람이 이해할 수 있도록 설명을 할 수 있는 제3수준에 이르게 되었다면 그는 학습 과정에서 많은 진전을 이룬 것이다. 세번째 단계는 설명의 단계이다.

무릇 교사들은 어린이가 배운 것을 자신의 삶의 일부로 만든 것을 확인하기 전까지는 학습 과정에서 성취된 것에 만족해서는 안 될 것이다. 어린이가 배운 내용을 자신의 삶 속에서 실천할 때에야 비로소 그는 학습 과정을 모두 거쳐 온전한 학습을 이룬 것이다.

학습 과정 전이

학습자인 어린이들은 늘 무엇인가를 배운다. 그러나 때로 그들이 배우는 것은 교사들이 가르치려고 의도한 것이 아닐 수도 있다. 학습자들의 성장은 그가 무엇을 듣는가에 달린 것이 아니라 그가 들은 것을 어떻게 하느냐에 달린 것이다. 중요한 것은 '어린이의 내면에서 어떤 일이 일어나는가?' 이다. 학습은 어린이들이 하는 것이 아니라 외부의 힘이 그로 하여금 학습하도록 만드는 것이다. 교사들은 외부의 요소들을 움직여서 어린이의 내면에 영향을 줄 수 있다.

가르친다는 것은 인도하고 알려 주는 것 즉 어린이들을 인도하고 진리를 알려 주는 것이다. 참된 교사는 인도하는 가운데 진리를 선포하는 일을 망설이지 않는다. 그러나 진리를 선포하기만 한다면 그는 교사가 아니라 설교자이다. 교사는 어린이들의 학습을 인도하고 지도하고 도와주는 일을 효과적으로 할 수 있어야 한다. 교사로서 해야 할 중요한 사명은 학습이 올바로 이루어질 수 있는 상황을 만드는 것이다.

내적 과정으로의 학습

참된 학습은 밖으로 드러난다. 그러나 내부에서 먼저 일어나지 않는 한 결코 참된 변화는 일어날 수 없다. 하나님의 진리는 점차 인간 내면의 삶을 인도해야 한다. 주님과 함께 어린이들의 내면을 변화시키고자 한다면 이미 그의 행동을 지배하고 있는, 변화가 필요한 부분에서부터 변화가 일어나야 한다.

　인간은 모두 욕구를 가지고 있다. 모든 인간은 물리적인 욕구와 함께 안전, 애정, 인정, 죄의식으로부터의 자유 등과 같은 정서적 욕구를 지니고 있다. 하나님께서 인간에게 이러한 욕구를 주신 이유는 하나님께서 그러한 욕구를 손수 만족시켜 주실 수 있기 때문이다. 하나님은 예수 그리스도의 영광 가운데 우리의 욕구를 풍성하게 채워 주시려고 기다리고 계신다. 그리스도께서 복음서에서 가르치신 대부분의 교훈은 이러한 개인적인 욕구로부터 시작된다. 교사들은 어린이들로 하여금 개인적인 욕구를 채워 주시는 주님을 바라보고 그분께 다가가도록 인도해야 하는 것이다. 만일 학습자들이 자신의 욕구와 말씀 사이에 아무런 관계가 없다고 생각하게 되면 말씀이 마음속으로 들어가 열매를 맺지 못하게 되므로 공허하게 떠드는 이야기가 되어 버리고 만다. 성경이 자신의 욕구를 충족시켜 줄 수 있다면 학생들은 하나님의 응답을 찾으려고 노력을 기울이기 시작할 것이다.

활동 과정으로서의 학습

　교육에는 인격적인 관련이 있어야 한다. 교육은 받기만 하는 것이 아닌 것이다. 오랫동안 교사는 학습자들을 꼼짝 못하게 앉혀 놓으려고 했다가 실패해 왔다. 꼼짝 못하고 앉은 채로 있는 것은 어린이의 본성에 어긋나는 일이므로 어린이들은 욕구 불만의 상태가 된다. 결국 교사들은 어린이들이 누려야 할 생동감 있는 활동들을 빼앗아 버린 셈이 된다. 교사는 어린이들을 위한 목표를 정하고, 질문을 던지고, 문제를 만들고, 수업 과정을 평가하고, 어린이들의 활동을 조직하고, 커리큘럼을 완성시킨다. 또한 강의 내용과 과정을 계획하고 가르치는 것 역시 교사가 한다. 한마디로 교사가 곧 학습자, 교육 과정의 참여자인 것이다. 교사는 어린이들과 더불어 책임과 활동과 성과를 나누어 가져야 한다. 그렇게 함으로써 어린이들은 스스로 발견하거나 자기의 노력을 평가할 수 있다. 원칙적으로 어린이들이 참가자가 되어야 한다. 교사는 어린이들 스스로가 하는 것이 더욱 유익한 일들을 대신 해주어서는 안 된다.

지속적인 과정으로서의 학습

영적인 성장은 꾸준히 진행되며 지속적이라는 점에서 신체적인 성장과 비슷하다고 볼 수 있다. 가정에서 어린이들은 자신보다 나이가 많은 사람들과 일상 생활을 해 나간다. 그들을 가르치고자 하는 직접적인 의도가 없더라도 아이들은 계속해서 배우는 것이다. 어린이들은 이러한 배움의 과정을 통해 자신이 성장해 갈 다음 단계를 배우게 된다. 어린이는 어떤 중요한 발달의 단계를 뛰어넘을 수 없다. 다만 성장 특징에 따라 한 단계씩 한 단계씩 거쳐 가는 것이다. 연령별로 아이들은 그 단계에 맞추어 성숙해져야 한다. 열 살 아이가 자기의 본원적인 욕구를 가지고 퇴행해서도 안 되며, 어른들 역시 그가 스무 살 성인처럼 행동하기를 기대해서도 안 되는 것이다.

성장의 각 단계에서 아이들은 자신이 이해할 수 있고 행동할 수 있는 진리와 원칙들을 얻게 된다. 그 때가 되면 아이는 그러한 진리에 대한 욕구를 느끼게 되고, 그 욕구들은 그에게 의미를 던져 주고 아이는 자신의 삶 속에 적용시킬 수 있게 된다. 교사는 그러한 어린이의 욕구를 정확히 파악하고 그에 대한 적절한 가르침을 줄 수 있어야 한다. 그럴 때에 가장 효과적인 학습이 일어나는 것이다.

훈육 과정으로서의 학습

기독교 교육의 목적은 기계적인 복종이 아니다. 모든 성도들의 내면인 통제력의 성숙을 그 목적으로 한다. 무서운 선생님은 외부적인 통제력을 행사할 것이며, 아이들을 잘 다스리는 교사는 아이들을 자신이 원하는 대로 이끌 것이다. 그러나 현명한 교사는 아이들을 즐겁게 이끌 수 있다. 교사는 하나님의 주권 아래서 어린이들에게 조금씩 책임감을 심어 주며 그들이 스스로를 이끌어 나갈 수 있도록 지도해야 한다. 물론 교사가 갑자기 아이들에 대한 통제력을 완화하고 스스로 책임을 지도록 맡겨 버리면 부작용이 생길 것이다. 교사는 어린이들의 발달 단계에 맞추어서 조금씩 책임감을 부여해야 할 필요가 있다.

효과적인 학습은 그리스도 안에서 성숙해 가도록 인도하시는 성령님의 다스리심과 하나님의 말씀의 주권 아래서 내면적으로, 적극적으로, 지속적으로 훈련되는 과정이다.

교수-학습 계획(교안 작성)

잘 계획된 교수-학습 과정이 펼쳐질 때 수업 시간은 활기를 띠게 된다. 그러므로 교수-학습 계획(교안)의 작성은 효과적인 교수를 위하여 필수적이라고 볼 수 있다. 교안은 교사의 교수-학습 과정의 개념을 증진시키며, 자신이 가르치는 목적을 분명하게 하고, 또 서로를 관련시키도록 도와줄 것이다. 교안은 학습 활동에 대한 구성이다. 교안이 좋으면 좋을수록 강조점이 학습자에게로 집중될 수 있다. 그것은 교사가 교안을 작성할 때에 학습에 필요한 조직이나 지도에 있어서 중요한 요소들을 고려해 넣도록 자극하기 때문이다.

교안은 이미 배운 것과 앞으로 배울 것에 대한 관계를 강화시킨다. 훌륭한 교안은 이미 배운 것을 복습하는 것에서부터 시작한다. 또한 교안은 학습 상태에 있어 근본적인 요소들을 조정한다. 교안은 학습의 요소들이 조화 있는 관계를 맺도록 하는 하나의 도구로, 어린이와 성경과의 적절한 관계를 마련해 주며, 성경의 진리와 학습 활동을 관련시켜 준다. 교안의 준비와 사용은 성경의 진리를 공부하도록 촉진하는 학습 활동에 필요한 작업을 단순화해 준다. 또한 교안은 학습 원리를 따르고 있다. 교안을 작성함으로써 교사는 학습을 위한 준비를 하게 되며 더욱 탐구하게 된다. 교안에는 어린이들 개개인의 의욕에 자극을 주는 요소가 포함되어야 하며, 성경의 진리가 반드시 이해되고 구체화되어야 한다.

교안은 다음의 두 가지 요소를 필수적으로 포함하고 있어야 한다. 첫째, 학습의 방향이다. 이러한 학습의 방향을 설정하는 데에는 세 가지 중요한 요소들이 있다. 가르치고자 하는 것의 중심 진리가 반드시 확보되어야 하고, 어린이들의 필요에 초점이 집중되어 있어야 하며, 가르치고자 하는 목적이 반드시 결정되어 있어야 하는 것이다. 교안에 포함되어야 할 두번째 요소는 학습을 위한 활동의 요약이다. 교사는 학습의 방향만을 설정하는 것이 아니라 학습에 대한 활동도 반드시 계획해야 한다.

먼저 교안 작성을 위한 일반적인 준비로서 교사는 교수하고자 하는 내용이 담긴 성경을 공부해야 한다. 또한 기도와 더불어 묵상을 해야 한다. 그 다음에는 성경 공부한 것을 토대로 하여 자신이 가르치고자 하는 내용을 찾아 더욱 주의 깊게 연구하여 교수의 내용을 결정해야 한다. 학습자에 대한 이해 역시 필수적이다. 반 아이들에 관한 일반적인 지식이 있어야 함은 물론이고, 반 아이들에 관한 구체적인 지식으로 아이들이 당면한 욕구, 흥미 유발에 필요한 방법 등에 대한 연구가 있어야 할 것이다. 또한 학습의 목적을 달성하는 데 있어서 수레 역할을 하는 교수 방법에 대한 진지한 고려가 있어야 한다. 연령과 학습 집단의 크기, 학습 공간과 다루는 주제를 고려한 학습 방법들 역시 연구되어야 할 것이다.

교안은 대개 다음 페이지에 있는 도표의 양식을 따라 작성된다.

생각해 볼 문제

1. 성령님과 인간 교사의 역할에 대해 생각해 보세요.

2. 자신의 수업에서 나타나는 잠재적 교육 과정을 점검해 보고, 지양해야 할 부분이 무엇인지 생각해 보세요.

3. 본인이 속한 교육 부서의 교육 환경을 다섯 가지 요소로 나누어 점검해 보고, 개선되어야 할 사항을 체크해 보고, 동료 교사들과 함께 나누어 보세요.

4. 본인은 학습 결과에 대해 어떠한 기준과 영역으로 평가하고 있는지를 살펴보세요.

5. 학생들의 동기를 유발하기 위한 효과적인 방법에 대해 동료 교사들과 함께 토의해 보세요.

〈표 16〉 교수-학습 지도안

단 원 명			년 월 일	
제 목				
본 문				
요 절				
목 표	교수 목표		학습 목표	
진 행				
	학습 내용	활동 및 자료	시간	기타
		교사 / 학습자		
도 입				
전 개				
결 론				
평 가				
다음주 준비				
메 모				

6장

어린이 교육의 방법론

옛적에 선지자들로 여러 부분과 여러 모양으로
우리 조상들에게 말씀하신 하나님이(히브리서 1장 1절)

예수님의 교육 방법

신약에 나타난 예수님은 가장 탁월한 교사이셨다. 가르침은 그의 사역에서 가장 중요한 부분이었으며, 오늘날의 교사들에게 많은 실제적인 가르침을 제공한다. 예수님의 교육 방법을 살펴보는 것은 방법론의 부분에서 교사들에게 커다란 통찰을 제공한다. 가장 효율적으로 가르치셨던 예수님의 모습을 살펴봄으로써 교사들은 어떠한 방법으로 어린이들에게 접근하는 것이 좋을지에 대해 배울 수 있을 것이다. 예수님께서는 다음의 네 가지 방법으로 그를 따르던 사람들을 가르치셨다.

첫째, 예수님께서는 그의 가르침을 학습자가 처한 상황에서 시작하셨다.

예수님은 배, 물고기, 양, 물, 포도주, 빵, 무화과나무, 씨, 곡식 등 배우는 사람들이 잘 알고 있는 물건이나 주제를 사용하셔서 사람들을 가르치셨다. 즉 그들이 처해 있는 상황에서 시작하신 것이다. 주님은 배우는 사람들이 이미 알고 있는 것을 바탕으로 할 때 효과적인 학습이 가능하다는 것을 아셨다. 사람들은 예수님의 가르침을 익숙하게 받아들일 수 있었고, 따라서 교육 효과도 높았던 것이다.

우리도 주님의 본을 따를 수 있다. 초등학교 3학년 학생들에게 익숙한 것이 무엇일까? 아마 장난감과 컴퓨터 게임이나 전자 게임일 것이다. 주님께서 하셨듯이 우리는 어린이들에게 익숙한 이러한 장난감을 도구로 그들의 상황에 맞게 배우는 것을 도와줄 수 있다. 아이들이 좋아하는 물건들이 준비된 분반 공부는 아이들의 배움에 좋은 토양을 제공해 줄 것이다. 교사는 어린이들이 어떠한 삶의 현장에서 살아가고 있는지 잘 파악하고 있어야 한다. 어떠한 가정에서, 어떠한 학교 환경에서 어린이들이 지내고 있는지를 알고 있어야 하며, 어린이들이 무엇에 관심이 있는지, 어떤 것에 익숙한지를 파악하고 있어야 한다. 그러할 때에 가장 효과적으로 어린이들에게 접근할 수 있는 것이다.

둘째, 예수님께서는 학습자로 하여금 스스로 진리를 발견할 수 있도록 가르치셨다.

예수님은 베드로가 믿음에 대해 배울 수 있도록 물 위로 걸어오라고 하셨다(마 14:25~33). 베드로는 자기의 경험을 통하여 진리를 발견할 수 있었다. 예수님은 강의를 통해서 믿음에 대해 가르치실 수도 있었겠지만, 베드로가 스스로 발견하기를 원하셨다. 예수님은 물에 빠져 가는 베드로의 손을 잡아 올리신 후 그에게 "왜 의심하였느냐?"라고 물으셨다. "의심하지 말라"고 말씀하실 수도 있었겠지만 베드로가 스스로 깨닫기 원하셨기 때문에 이렇게 질문하셨던 것이다.

우리도 이와 같은 방법들을 사용할 수 있다. 사람들은 스스로 대답을 발견하게 될 때 가장 확실히 배운다. 이런 과정에서 교사는 정답을 제시해 주는 자리에서 떠나, 방법을 알려 주고 도와주는 촉매자 역할을 하게 된다. 특히 행동으로 배우는 어린이들의 경우는 더욱 그러하다. 어린이들로 하여금 스스로 답을 구할 수 있도록 가르쳐야 할 것이다. 잘 가르치는 교사는 질문을 잘 하는 교사이다. 교사는 어린이들이 스스로 성경의 진리를 깨달을 수 있도록 적절한 질문을 통하여 학습을 촉진하여야 한다. 질문에는 여러 가지 유형이 있다. 어떤 사실을 있는 그대로 물어 보는 형식의 질문은 정보를 얻기나 토론을 시작하는 데 사용된다. 또한 지식이나 정보를 우리가 공부하는 내용에 어떻게 적용할 수 있는가를 물어 보는 질문도 있을 수 있다. 대안을 요구하는 질문은 어린이들에게 선택의 여지를 제공해 줄 수 있을 것이다. 또한 산파식 질문은 학생들에게 어떤 행동이나 결정을 정확하게 분류할 수 있는 기회를 제공해 준다. 이런 종류의 질문은 잘못된 추론을 깨닫게 해주며, 어린이들이 그들의 동기를 다시 한번 검토할 수 있게 해준다. 교사가 어떤 어린이로부터 받은 질문을 다른 어린이에게 되물어 보는 방법을 릴레이식 질문이라고 한다. 그러한 질문에 의해 학급의 구성원들은 그들 상호간에 친교를 조장할 수 있게 된다.

윌리엄 하번은 다음과 같은 질문을 위한 지침서를 교사들에게 제공한다.

〈표 17〉 질문을 위한 지침

1. 어떤 특정한 학생에게 질문을 하기 전에 전체 학급을 향하여 먼저 물어 보도록 한다.
2. 친밀한 분위기를 조성하기 위하여 처음에는 쉬운 질문부터 시작하다가 점차적으로 어려운 내용으로 옮겨 가도록 한다.
3. 있는 그대로의 사실적인 질문부터 시작해서 부연 설명이나 해설이 필요한 질문의 단계로 옮겨 가도록 한다.
4. 질문을 할 때는 상대방이 그 의미를 제대로 파악할 수 있도록 정확하고 분명하게 전달해야 한다.
5. 질문이 수업의 일부분을 차지할 수 있도록 교육 과정을 구성하고 계획한다.
6. 학생들의 지식 수준에 맞추어서 질문의 내용을 준비해야 한다.
7. 학생들의 삶 속에 그들이 배운 진리를 적용할 수 있도록 질문의 내용을 준비해 본다.

> 8. 정직성, 탐구심, 열린 마음으로 수업에 참여할 수 있도록 질문들을 하라.
> 9. "예"나 "아니오"로 대답할 수 있는 질문은 피하도록 한다.
> 10. 학생들의 감정이나 정서적인 면을 고려한 질문도 준비해야 한다.
> 11. 학생들로 하여금 수업을 마치고 나서, 자신들이 배운 내용을 실천할 수 있도록 유도하는 질문을 해본다.
> 12. 학생들에게 그들이 배운 내용을 삶에 적용할 수 있도록 가르치고 지도하는 과정에서는 특별한 경우보다는 일반적인 예를 먼저 설명해 주고, 거기에 대한 질문을 던짐으로써 학생들의 반응을 살펴보도록 한다.

(William Haburn, "학습 지도 방법", 베르너 그랜도르 편, 복음주의 기독교 교육론, 서울: 기독교문서선교회, 1995, p.260)

셋째, 예수님께서는 학습자들이 배울 수 있는 순간들을 잘 활용하셨다.

간음하다 붙잡힌 여인 사건(요 8:1~11), 호수에 몰아친 폭풍(눅 8:22~25), 회당에 들어온 중풍병자 사건(마 12:9~13) 등 예수님은 사람들이 배울 준비가 되어 있는 때를 아셨다. 주님은 주변에서 벌어지는 일들 속에서 가르쳐야 할 것들을 이끌어내는 데 주저하시지 않았다. 바리새인들이 기계적으로 가르친 것과는 달리, 예수님은 가르치는 것과 배우는 것은 다를 수 있다는 것을 아셨다. 사람들의 관심이 집중되는 일이 벌어지고 있을 때 예수님은 그들이 배울 준비가 되어 있다는 것을 아셨고 그 기회를 활용하셨던 것이다.

교회 안에서도 이런 순간들을 활용할 수 있다. 어린이들이 무언가에 매료되면 이미 그들은 배우고 있는 것이다. 교사로서 우리의 역할은 어린이들이 현 상황에서 기독교 진리에 관심을 집중시킬 수 있도록 돕는 것이다. 아이들은 이런 경험은 쉽게 잊어버리지 않는다.

그리고 그 경험을 통해 배운 것들도 쉽게 잊어버리지 않을 것이다. 교육 과정과 관계 없는 예기치 않은 상황이 벌어질 수 있다. 교사는 나름대로의 유연성을 가지고 있어야 한다. 비록 계획된 교육 과정이 아닐지라도 어린이들이 관심을 집중하는 어떠한 상황이 제시될 때 교사는 그 상황 속에서 가르칠 수 있어야 한다. 교회에서 안전 사고가 일어났을 때, 한 어린이가 꾸중을 듣게 되었을 때 등 어떠한 상황에서도 교사는 가르침의 기회를 놓치지 말아야 한다. 예수님은 그렇게 가르치셨다.

넷째, 예수님께서는 학습자에게 자신이 배운 것을 실천할 수 있는 기회를 제공해 주셨다.

예수님은 부자 청년을 가르치신 후 그의 모든 재산을 팔라고 말씀하셨다(막 10:17~21). 예수님은 배신에 대해 가르치신 후 베드로와 가룟 유다 그리고 나머지 제자에게 충성심을 실천할 수 있는 계기를 만들어 주셨다(마 26:31~49). 그때의 실패는 그들의 기억 속에 깊은 교훈을 새겨 놓았다.

실제로 적용되지 않은 교훈은 오래 남아 있지 않다. 성경 공부나 설교를 통해 가르친 것을 어린이들이 실천하도록 만들어야 한다. 바로 그 자리에서 옆자리에 앉아 있는 친구들과 최근에 하나님께서 그들을 위해 무엇을 하셨는지를 서로 이야기하도록 시간을 줄 수 있을 것이다. 그러면 모든 사람들이 그 자리에서 실천하게 되며 그것을 통해 진정한 학습이 이루어진다. 교사는 학습시에 반드시 어린이들이 그 가르침을 실생활에 적용하도록 도전하여야 하며, 또한 어린이들의 삶을 점검하여야 한다. 가르침은 반드시 변화를 동반하여야 한다. 어린이들이 배움의 내용을 실제적으로 삶에 적용할 때 그들은 제대로 배운 것이다.

어린이 발달 이해와 교육 방법

가르침의 대상인 어린이들이 어떠한 발달 단계에 있으며 어떠한 욕구를 가지고 있는가를 정확히 이해하면 그들에게 가장 적절한 방법으로 교육할 수 있다. 앞장에서 논한 어린이의 발달을 기초로 하여 그들에게 적절한 교육 방법을 살펴보면 다음과 같다.

저학년 어린이들은 단순히 말로 들은 내용 즉 구두로 표현된 내용보다는 구체적이고 물리적인 체험에서 더 잘 배운다. 저학년 어린이는 자신의 신체적 감각들을 보다 잘 알고 있으며 이를 이용해서 새로운 개념과 정보를 발견하고자 한다. 이들에게 시각 자료, 테이프, 레코드의 활용과 역할 연기, 연극 꾸미기가 매우 중요한 이유가 바로 여기에 있다.

또한 저학년 어린이는 이야기를 무척 좋아한다. 어린이들에게는 그들이 가장 잘 배울 수 있는 방법으로 가르쳐야 한다. 이 아이들은 이야기를 좋아하고 그 행위를 쉽게 다루기 때문에 성경 이야기를 하는 것이 효과적이다. 그러나 그들이 가르침을 받고 있는 이야기가 성경에 실제로 있는 내용임을 깨달을 수 있도록 해야 한다.

저학년 어린이들에게는 실물 비유적 교수 방법을 적용하지 않는 것을 일반적인 규칙으로 삼아야 한다. 이들은 구체적·문자적 개념 안에서만 생각한다. 초등부 고학년과 중고등부에서는 상징이 무엇인지 통하지만, 저학년 어린이들에게는 통하지 않는다는 것을 기억해야만 한다. 또한 교사들은 역할 연기, 과제물, 그림 및 쓰기 활동을 통해서 어린이들이 자신을 표현하도록 하고 있는데, 이러한 표현 활동은 어린이들이 배운 것을 실천에 옮기는 일에 도움을 준다. 엄격한 스케줄보다 중요한 것은 어린이들이 교회 기관들 안에서 가질 수 있는 다양한 체험들이다.

고학년 어린이들 역시 항상 움직이며, 활동을 통하여 배운다. 책임 의식이 키워지는 이 시기의 어린이들에게 무언가 그들의 능력에 적절한 일을 맡기는 것은 매우 효과적이다. 영웅 숭배적인 특징을 가지고 있는 고학년 어린이들에게 성경 속의 인물을 주인공으로 하는 연극을 해보는 것도 매우 흥미있는 것이 될 것이다. 이러한 방법이야말로 활동과 영웅을 사랑하는 고학년 어린이에게 보조를 맞추는 일이라고 할 수 있다.

고학년 어린이는 경쟁심이 매우 심하다. 교사는 필요 없는 경쟁이 생기지 않도록 모든 교육 시간에 주의를 기울여야 한다. 서로 경쟁하는 것이 아니라 함께 할 수 있는 활동을 제시해야 한다.

연계적 사고가 가능한 고학년 어린이들은 성경의 역사, 지리 등을 연구하며, 또한 성경 속의 사건들이나 인물들을 비교하는 것이 가능하다. 이러한 활동은 어린이들에게 성경을 입체적으로 공부하는 기회를 제공하게 될 것이다.

방법 선택의 원칙들

어린이를 위해 방법과 자료를 선택하고 사용할 때는 다음과 같은 몇 가지 원칙이 적용된다. 교사들이 교육 방법을 선택할 때에 이러한 점들에 주의한다면 더욱 좋은 방법을 선택하고 또한 효과적으로 가르칠 수 있을 것이다.

첫째, 사랑과 수용이 무엇보다 우선되어야 한다. 어린이들은 자신들을 돌보고 격려하는 지도자, 교사 그리고 부모에 의해 하나님의 조건 없는 사랑을 느끼게 된다. 가르치는 분위기는 사랑과 수용의 환경에 따라 결정된다. 어린이들은 자신들이 어떤 사람인가와 상관 없이 무조건적으로 받아들여지고 용납되어야 한다. 그럼으로써 자 신들이 사랑받고 있다는 것을 느끼도록 해야 한다. 어린이들이 사랑 받고 있다고 느낄 때에 그들은 맘껏 배울 수 있게 된다. 교사가 하나 님의 사랑과 용서를 가르치기 위해서는 어린이들에게 먼저 교사의 사랑과 용서를 보여 주고 느끼게 해주어야 할 것이다.

둘째, 어린이들과 친밀한 관계를 갖는 것이 무엇보다 중요하다. 어린이는 개인적으로 깊은 관계를 통해 성경적·신학적 진리를 배 운다. 교사와 학생 사이에 인격적인 관계가 없다면 프로그램은 아무 의미가 없다. 의미 있는 관계는 한 교사에게 해당되는 학생의 수가 적을 때 좀더 진전될 수 있다. 어린이들에 대한 교사의 관심과 사랑 이 교실 안에서 전달되어야 하지만, 좀더 깊은 차원의 관계를 맺기 위해서는 교실 밖에서의 관계 역시 중요하다. 교사는 주일의 정규 교육 프로그램에서 어린이들을 만나는 것 외에도 평일에 개인적으 로 아이들을 만나는 것이 필요하다. 개인적인 만남을 통해서 교사와 어린이는 인격적인 만남을 가지게 되고, 그러한 만남은 교육을 위한 기초적인 신뢰를 만들게 될 것이다.

셋째, 방법, 자료, 시설, 대화 그리고 지도는 어린이의 연령 수준 에 맞아야 한다. 교육 방법의 적절성의 기준은 무엇보다도 어린이의 연령이 될 것이다. 아무리 좋은 교육 방법이라 할지라도 어린이의 신체적·지적·영적 수준에 맞지 않는다면 그것은 좋은 효과를 가 져올 수 없을 뿐만 아니라 오히려 역효과를 가져오게 될 것이다. 그 렇기 때문에 교사는 자신이 맡은 어린이들의 연령별 발달 수준을 정 확히 이해하고 있어야 하며, 교육 계획을 세우고 방법과 자료를 선택할 때마다 항상 어린이들의 연령 수준을 고려해야 할 것이다.

넷째, 어린이들이 적극적으로 참여하도록 해야 한다. 어린이는 오감을 사용함으로써 가장 잘 배운다. 교사가 일방적으로 가르치는 것보다 어린이들이 직접 수업에 참여하게 될 때 어린이들은 더욱 잘 배울 수 있다. 교사는 어린이들이 적극적으로 수업에 참여할 수 있도록 수업을 계획해야 할 것이다. 어린이들의 이러한 참여는 그들이 성경을 생활에 적용할수 있도록 할 것이다.

다섯째, 배운 것을 생활에 적용할 수 있도록 하여야 한다. 학생들에게 하나님의 말씀을 생활에 적용하도록 가르치는 것은 필수적이다. 변화가 없는 배움은 진정한 배움이 아니다. 교사는 학습 과정에서 지도하는 말과 행동을 같이 강조함으로써 하나님의 말씀이 어린이의 생활에서 실천되도록 하여야 한다. 교사가 어린이들의 삶에 관심을 가지고 배운 것이 얼마나 그들의 삶에서 실천되고 있는지를 항상 점검하는 것이 필요하다.

여섯째, 가능하면 어린이에게 많은 선택권을 주는 것이 좋다. 어린이가 활동을 선택하도록 허락하는 것은 그들이 독립적으로 생각하고 자극을 받으며 학습 활동에 흥미를 갖도록 도울 수 있다. 어린이에게 활동을 선택하게 할 때, 어린이들은 그 활동을 시작하고 끝마치도록 자극을 받는다. 모든 어린이가 같은 방법으로 배우는 것은 아니다. 어린이들이 선택하도록 해주는 것은 배울 자유를 주는 것과 같다.

일곱째, 모든 수업은 통일된 학습 목표를 가지고 있어야 한다. 첫번째 학생이 교실에 들어오는 순간부터 마지막 학생이 교실을 떠날 때까지 학생들이 배우고 경험하는 모든 것은 수업 목표를 향해야 한다. 교사는 가르치는 시간 동안에 하는 모든 활동의 초점을 한 가지 주제에 맞추어야 할 것이다. 교실 안에서의 모든 활동이 하나님 말씀에서 찾은 같은 목적을 중심으로 이루어질 때, 어린이는 스스로 활동을 선택할 수 있고 성경 내용과 적절한 태도 그리고 생활에 적용하는 것을 배울 수 있다.

여덟째, 그룹은 적절한 인원으로 나누어져야 한다. 교사와 학습자의 적절한 비율은 저학년일 경우에는 1:5~6명, 고학년일 경우에는 1:8~10명이 효과적이다. 설교, 찬양, 게임 등에는 대그룹이 적당하지만, 성경 이야기, 학습 활동, 교사와 학습자 사이의 관계를 발전시키는 중요한 일 등에는 소그룹이 적당하다. 교사는 수업과 활동의 종류에 따라 어느 정도의 인원이 효과적인지를 분별하여 융통성 있게 그룹을 조직하는 것이 필요하다.

아홉째, 방법과 자료를 사용하는 데에는 다양성이 중요하다. 교사가 지난 주에 사용한 방법을 이번 주에도 똑같이 반복하는 것은 가장 나쁜 방법이다. 활동을 다양하게 하여야 한다. 각 어린이는 전 인격으로서 학습 체험에 참여하게 된다는 것을 기억하는 것이 중요하다. 어린이들은 활동의 변화 즉 다양한 학습 체험을 필요로 한다. 어떤 경우이든 한 가지 활동만으로 1시간을 소비하는 것은 잘못된 것이다. 어린이의 관심을 측정하고 이들의 욕구에 맞는 활동으로 변경하는 것이 필요하다. 어린이의 시각 및 청각의 활용을 요구하는 활동도 있고, 신체적 운동, 창조적 사고력 그리고 소근육 조절을 요구하는 활동도 있다. 약 20분 정도의 시간이면 거의 모든 활동에 충분

하나, 경우에 따라서는 이보다 짧은 것도 바람직하다. 어떤 어린이는 역할 연기를 통해서 보다 많이 배우며, 다른 어린이는 영화 관람을 통해서 많이 배우기도 한다. 모든 어린이들의 관심에 부응하기 위해서 다양한 교수 방법을 사용하는 것이 중요한 것이다.

열번째, 각 학습 활동에 대해 명확한 지시를 해야 한다. 교사는 각 어린이가 무엇을 하고 있으며 잘 이해했는지를 수시로 확인해야 한다. 교사의 지시가 명확할수록 어린이들은 부담없이 수업에 임할 수 있으며 집중하기 쉽다. 교사는 어린이들이 이해할 수 있는 언어로, 또한 실제적이고 구체적인 언어로 어린이들에게 설명하고 지시하도록 항상 주의하여야 한다.

열한번째, 지도와 격려는 어린이의 학습 활동을 자극한다. 보통 한 가지 활동을 완성하는 데에는 20~30분이 걸린다. 어린이는 집중 시간이 짧다는 것을 기억하고, 완성된 일에 구체적인 칭찬으로 지도하고 격려하는 것이 필요하다. 어린이들이 적절하게 행동할 때 교사가 그들을 인정해 주고 칭찬해 주지 않는다면, 교사는 어린이들을 지도하는 일에서 실패하고 말 것이다. 교사는 가르침의 장기적인 목표 곧 어린이가 스스로를 제어할 수 있고 성숙한 그리스도인이 되도록 그들을 도와야 한다. 그러기 위해서는 긍정적인 기질에 주목해야 한다. 어린이들의 잘한 행동에 대해 다양한 방법으로 상을 주어서 인정해 주어야 한다. 눈에 보이는 시상, 때로는 눈에 띄지 않는 시상으로 그들을 지도하고 격려해야 할 것이다.

다양한 교수 방법들

　교사 혼자서 일방적으로 강의한다고 해서 반드시 학습이 이루어지지는 않는다. 교사가 강의 기법만을 사용하고 있을 때는 학습이 일어나고 있는지의 여부를 확신할 수 없다. 학습은 학생과 교사가 만나는 쌍방 통행로라고 한다. 학생에게 어떠한 진전이 이루어지고 있는지를 알기 위해서는 그로부터 어떤 종류의 가시적 또는 구두적인 반응이 반드시 있어야 한다. 교사는 학생의 학습을 증진시키기 위해 흥미 있는 방법들을 사용할 수 있다. 학생과 교사 사이의 커뮤니케이션과 충분한 상호 작용을 고무할 수 있는 다양한 기법을 활용하는 교사는 교수 과정에서 가장 성공할 수 있는 사람이다.
　모든 어린이들은 배우는 데 도움이 되는, 자기에게 맞는 자극을 선호한다. 어떤 어린이들은 듣는 것을 통해 잘 배운다. 반면에 다른 어린이들은 보는 것을 통해 더 잘 배운다. 사람은 모두 다르다. 또 모두 다른 학습 유형을 가지고 있다. 학교나 교회 등 어느 곳에서나 사람들은 천차 만별의 학습 유형을 가지고 있다. 그러므로 모든 어린이들이 잘 배울 수 있도록 하기 위해서는 다양한 학습 방법을 사용해야 한다. 바람직한 학습 활동과 교육 과정은 모든 학습 유형을 다 포괄해야 한다. 학습 유형에는 다음과 같은 기본적인 세 가지 학습 유형이 있다.
　첫째, 시각적 학습 유형이다. 이 유형에 속한 사람들은 주로 보는 것을 통해 배운다. 본 것을 잘 기억한다. 그래서 만난 사람들의 이름보다는 얼굴이 그들의 기억에 잘 남아 있다. 둘째, 청각적 학습 유형이다. 이 유형에 속한 사람들은 듣는 것을 통해 정보를 얻고 소화시킨다. 그들은 사람의 얼굴보다는 이름을 더 잘 기억한다. 셋째, 감각적 학습 유형이다. 이 유형에 속한 사람들은 움직임을 통해 배운다.

자신들이 움직이면서 만지고 느낀 것들에 대해 잘 기억한다.

교사는 이 세 가지 학습 유형을 다 포함할 수 있는 다양한 교수 방법들을 가지고 어린이들에게 접근해야 할 것이다. 어린이들은 자신에게 더 적절한 방법이 사용될 때 더 잘 배우게 될 것이다. 어린이들에게 적절한 몇 가지 교수 방법들을 예로 들면 다음과 같다.

이야기

성경 전체를 통해서 하나님은 이야기 형식을 사용하신다. 이야기를 통해서 가르치시고 사람들을 변화시키시는 것이다. 어린이들은 자신의 상상력을 작동시키고 창조성을 확장시킬 수 있는 성경 이야기, 고전적 이야기 같은 자극제를 필요로 한다. 어린이들은 이야기가 자아내는 즐거움과 긴장의 해소를 느껴야 할 필요가 있다. 이야기에는 풍성하게 하고 부드럽게 하는 힘이 있다. 교사는 이야기를 이용해 어린이들을 지도함으로써 구원, 정직, 관용, 이해 그리고 다른 사람을 사랑으로 용서하는 것 등이 어린이들의 삶의 일부가 되도록 할 수 있다. 교사가 이야기의 표현에 보다 숙달되면 그는 어린이들의 관심을 끌 수 있고, 또 특정 연령 그룹의 성격과 혼합될 수 있는 어떤 주제를 파악할 수 있게 된다. 교사가 이야기를 해주기 원한다면 그는 그림, 실물 또는 영화, 슬라이드 등의 자료를 사용하여 어린이들을 끌어들일 수 있다.

루스 빔(Ruth Beam)은 저학년 어린이들에게는 사실, 동화, 민속동화, 공상 이야기, 성경 기적 등의 특성을 지닌 이야기가 적절하다고 소개한다. 또한 홍해를 건너는 사건, 고침 받은 나아만 장군, 가나의 혼인 잔치, 오천 명을 먹이신 사건, 베드로의 구출 등의 성경 이야기를 추천한다. 또한 고학년 어린이들에게는 액션, 모험, 위험,

도전의 내용이 담긴 무용담, 체력 극복의 실제적 인물들, 연대기, 전기, 지리 등의 특성을 지닌 이야기가 적절하며 광야 생활, 법궤, 성막, 다윗, 다니엘, 삼손의 생애, 바울의 전도 여행 등의 성경 이야기를 추천하고 있다.

연극 활동

드라마 기법을 통한 공부를 시도하려면 역할 연기, 판토마임 등과 같이 어린이들이 즐길 수 있는 다양한 종류들이 있다. 성공적인 학습 경험을 위해서는 어린이의 상상력과 감정 그리고 행동을 연결시키는 것이 중요하다. 흥미 있는 역할 놀이는 어린이들에게 성경을 생생하게 접하도록 해준다. 연극 활동의 주된 목적은 어린이가 다른 사람의 "피부 속으로 들어가 보도록" 도와주는 데 있다. 참여 즉 다른 사람이 되어 보는 일을 통해서 어린이들은 특정한 사람이 구체적인 상황에서 어떻게 느끼며 그가 왜 그러한 방법으로 반응했는가를 배우게 된다. 이러한 연극 활동은 사건을 보다 현실적으로 나타내고, 어린이들로 하여금 그러한 상황에서 정직하게 반응할 수 있도록 도울 수 있다. 이런 활동을 통하여 어린이들은 성경 이야기를 현실로 느끼게 되며 다른 사람들의 내면적 관점을 배우게 된다. 교사의 설명보다 자신들의 행동을 통하여 더 잘 배우는 어린이들의 특성을 고려할 때, 연극 활동은 매우 효과적인 교육 방법이 될 수 있다.

역할극을 하는 방법은 간단하다. 교사는 행동으로 옮길 수 있는 간단한 상황을 설정하고, 역할극에 대한 기대와 호기심을 갖도록 학급 분위기를 조성한다. 극중 인물을 선정하고 간단한 극 전개를 소개한 뒤에, 어린이들로 하여금 자신이 맡은 역할을 연기해 보도록 하여 극을 진행시키는 것이다. 극이 끝나면 같은 역할을 또 다른 어린이가 해볼 수도 있다. 모든 극이 끝난 후에는 함께 역할극에 대해 토론하면서 느낌과 생각을 나누도록 한다.

과제 학습

교사는 어린이들에게 성경 주제에 관한 과제를 내줌으로써 연구에 적극적으로 참여시킬 수 있다. 특히 고학년 어린이들은 "사례 연구"와 같은 문제 해결 연구에도 참여할 수 있다. 이러한 활동들은 어린이로 하여금 성경의 진리를 이해하고 적용할 수 있도록 돕는다. 성경 사전, 성경 핸드북, 지도, 고고학에 대한 책들은 어린이들의 연구 활동을 도울 수 있다. 이것은 특히 책임감과 의무를 배우는 시기인 고학년 어린이들에게 효과적이다.

학습 센터

학습 센터는 어린이들에게 또 다른 신나는 모험을 제공할 수 있다. 이것은 서로 다른 종류의 많은 자료들을 개별화된 학습을 위해 결합시킨다. 학생들은 자신이 관심을 가지고 있는 특별한 주제에 관해 보다 많은 정보를 얻기 위해 각각의 학습 코너로 오게 된다. 교사들은 각각 한 코너를 담당하고, 그 코너에서 학습 과정을 시작하는 어린이들을 지도하여, 그들이 공부하는 주제에 관해 새롭게 이해할 수 있도록 도와주는 일을 담당하게 된다. 어린이들은 질문하고 연구하며 자료의 관찰 및 조사를 통해, 또한 서로 토의하고 의견을 교환함으로써 스스로 학습을 하게 된다. 각 어린이는 자신의 개인적 욕구를 충족시키는 데 요구되는 다양한 학습 수준을 통해서 신속히 또는 서서히 움직인다.

학습 센터의 형식으로 수업을 진행하는 방식에는 여러 가지가 있다. 먼저 여러 코너를 준비한 후에 어린이들로 하여금 각자 그 중 단 하나의 코너에만 참여하여 학습하게 하는 방법이 있다. 일정한 시간이 지난 후 그룹으로 모여서 각기 경험한 코너를 소개하고 이야기를 나눔으로써 주제에 대한 이해를 총체화하는 것이다. 또 다른 방법으로는 모든 어린이들이 다양하게 준비되어 있는 코너를 다 돌아야 정확하게 주제가 파악되는 구조로 진행할 수도 있다. 이런 경우, 모든 어린이가 골고루 코너들을 다 돌 수 있도록 시간의 배정, 코너의 수, 활동의 다양성 등을 잘 고려해야 할 것이다. 세번째 방법은 일정한 시간을 정해 놓고 어린이들로 하여금 그 시간 동안 자신이 하고 싶은 활동을 2~3개 선택하여 활동하게 하는 방법이다. 이때에는 각각의 코너를 소개하는 안내문을 준비하여 어린이들이 자신에게 맞는 코너를 선택하도록 하고, 각 코너마다 일관된 주제가 표현되어 있어야 할 것이다.

　이 코너 학습은 여러 명의 교사가 함께 학습을 진행하게 되므로 단체 교수의 한 방법이라고 볼 수 있다. 단체 교수는 다양성을 제공함으로써 학습 가능성을 증진하는 또 다른 흥미로운 방법이다. 이것은 일반적으로 둘 혹은 그 이상의 교사들이 함께 모여서 계획하고 가르치며 또한 학습 결과를 평가하는 것을 포함하고 있다. 단체 교수는 여러 명의 교사가 가장 자신 있고 전문적인 영역을 준비해서 함께 교수하는 것이다. 어린이들은 코너 학습을 통하여 여러 명의 교사들과 다양한 방법으로 수업을 진행하게 된다. 각각의 성경 진리들이 다양한 코너에서 가르쳐질 것이고, 어린이들은 흥미 있게 배울 수 있을 것이다. 지도자는 코너 학습이 다양성과 활동성이라는 장점을 살리면서도 일관된 교육 목표를 향하여 나아갈 수 있도록 치밀하게 준비하고 계획해야 할 것이다.

창조적인 표현

창조적인 표현 활동은 어린이들로 하여금 배운 것과 그들의 생각과 느낌을 자유롭게 표현하도록 하는 것이다. 먼저 창조적인 쓰기 방법이 있다. 이는 어린이들이 성경에서 공부한 내용이나 혹은 그와 관련된 주제에 대하여 그들 나름의 언어로 표현해 보는 것이다. 이 방법은 어린이가 자신의 생각을 구체화하는 데 도움을 주는 방법이다. 어린이들은 그들의 사고 방식이나 신앙, 느낌 그리고 감정 등을 글로 쓸 때 한층 더 확고하고 분명하게 내면화시킬 수 있다. 편지 쓰기 등의 방법은 어린이들이 성경에 나오는 인물들과 사건을 정확하게 파악할 수 있도록 도와준다. 예를 들어 자신이 오병 이어 사건에서 자신의 점심을 포기한 어린이가 되어 자신의 친구에게 편지를 써 본다면, 그는 자신의 점심을 예수님께 드린 아이의 마음을 이해하게 될 것이다. 이처럼 자기 자신이 성경 인물 중 한 사람이 되어서 그가 겪은 경험에 대해 누군가에게 편지를 써 보면 그는 성경에 나오는 사건을 한층 생생하고 현실적으로 받아들일 수 있게 된다. 고학년 어린이일 경우에는 정해진 성경 말씀으로 신문 기사나 사설을 쓰게 할 수도 있다. 그러한 과정을 통하여 어린이들은 성경의 사건을 제대로 이해하고, 또한 그 사건에 대한 자신의 생각도 정리할 수 있을 것이다.

음악과 노래 또한 어린이들에게 창조적으로 표현할 수 있는 기회를 제공한다. 교회에서 사용되는 노래는 어린이를 위한 중요한 신학 개념들로 가득 차 있다. 노래는 어린이의 마음속에 오래 남으며 깊은 인상을 준다. 어린이는 목소리와 간단한 악기로 주님을 경배하고 찬양할 수 있다. 어린이는 예배 시간 동안 사용되는 음악을 통해서 하나님의 말씀과 그분의 전능하신 역사에 대해 반응하도록 격려를 받는다. 곡과 가사를 어린이가 바꾸도록 하거나 혹은 기존의 찬양곡에 어린이가 나름대로 율동을 만들도록 하는 것도 좋은 방법이 될 것이다.

협동 학습

협동 학습은 교사 중심적이 아니라 학생 중심적이라는 커다란 장점을 가지고 있다. 협동 학습에서는 가르치는 사람에게 초점이 맞추어지는 것이 아니라 배우는 사람에게 맞추어진다. 학생들은 둘씩 짝을 짓거나 혹은 소그룹 안에서 배운다. 협동 학습은 교사가 모든 사실과 지식을 학생들에게 전달하는 것이 아니라 어린이들이 함께 대답을 찾는 과정을 통해 이루어진다. 학습 과정은 어린이들의 학습 능력에 따라 조절되어야 한다. 이렇게 하면 교사가 정한 과정을 배울 때보다 범위는 적을지 몰라도 일반적으로 더 많이, 더 깊이 있게 배운다. 협동 학습에서는 교사들이 모든 대답을 가지고 있을 필요가 없다. 사실은 교사들도 학생들과 더불어 배운다.

또한 협동 학습은 긍정적인 상호 의존을 증진한다. 어린이들은 함께 문제를 해결하고 함께 성경을 읽으며 자신이 발견한 것을 서로 나눈다. 상호 의존하는 짝이나 소그룹은 개인이 혼자 하는 것보다 훨씬 빠르게 문제를 해결할 수 있고, 더 많은 것을 배울 수 있다. 그러한 과정 속에서 어린이들은 스스로 대답을 찾게 된다. 협동 학습에서는 아무도 소외되지 않는다. 협동 학습 방법을 사용하는 곳에서는 말이 많은 한두 어린이만이 아니라 모든 어린이가 함께 수업에 임할 수 있다. 개인적이고 경쟁적인 학습 모델을 사용하는 곳에서는 대부분의 학생들, 아니면 적어도 많은 학생들이 딴생각을 하고 있다. 교사가 대부분의 학생들과 아무런 개인적인 만남을 갖지 않은 채 그저 시간만 보내는 경우도 많이 있다. 학생들도 이것을 알고 있다. 그리고 그런 식의 수업에서 학생들의 마음은 이미 교실을 떠나 있다. 그러나 협동 학습을 하면 자기 짝과 조원들에게 반응을 해야 할 책임이 있다. 짝은 서로를 의지하며, 서로에 대해 책임 의식을 가진다.

그러한 과정을 거치면서 어린이들은 사람들과 관계를 맺는 기술이 개발된다. 학생들은 공동의 목표를 달성하기 위해 함께 일하면서 그 주제에 관한 것 이상을 배운다. 서로 잘 어울려 지낼 수 있는 법을 배우게 되는 것이다. 협동 학습은 이 기본적인 인간 관계를 위한 훈련을 마련해 준다. 어린이들은 의사 소통에 필요한 기술들 즉 듣기와 말하기, 의사 결정 기술, 신뢰, 갈등, 경영, 타협, 리더십, 협동심 등을 배운다. 협동 학습은 어린이들이 평생 필요로 하는 기술을 훈련받을 수 있게 해줄 뿐 아니라 우리가 만나는 사람들과의 관계를 돈독하게 해준다. 어린이들은 서로 친구가 된다. 협동 학습은 부끄러움을 많이 타는 사람까지도 다른 사람들과 이야기하고 관계 맺는 것을 쉽게 할 수 있도록 해준다. 지도자나 교사가 학생들에게 짝과 함께 혹은 그룹 안에서 활동하도록 요구할 때 그들은 더 이상 대중 앞에서 무언가를 해야 한다는 부담감을 느끼지 않게 된다. 그들은 이제 몇몇 친구들과 함께 인생의 문제를 해결하기 위한 방법을 찾는 과정을 통해 좋은 그리스도인 친구들을 사귀게 되는 것이다.

협동 학습의 기법 중의 하나는 짝을 짓는 것이다. 이 기법은 교사나 리더가 질문을 하거나 과제를 제시하면 짝에게 자신의 의견을 표현하는 방식이다. 모든 학습자가 자기의 생각을 표현하기 때문에 수동적인 관찰자는 아무도 없다. 그런 다음, 교사는 어린이들에게 짝의 의견을 발표하게 한다. 이 방법은 학생들에게 잘 듣는 능력뿐 아니라 말할 수 있는 능력을 요구한다. 말로 표현하는 것은 산만한 개념들을 하나로 엮어 주고, 그것이 교회 밖의 삶으로 전환될 수 있는 기회를 높여 준다. 또 한 가지의 방법은 어린이들이 짝에게 어떤 이야기나 짧은 문장을 읽어 주도록 하는 것이다. 물론 잘 모르는 단어나 뜻은 선생님의 도움이 필요하다. 이런 방법을 통하여 어린이들은 모두 참여할 것이며, 그 결과 더 잘 배우게 될 것이다. 한 어린이가 한 단락을 읽으면 짝이 그 구절을 요약하고 그 의미를 풀이하는 방식으로 협동 학습을 진행할 수도 있다. 이 때 두 사람이 한 번씩 역할을 바꾸어서 해보는 것이 좋다.

  짝을 짓는 방법 외에 소그룹으로 협동 학습을 진행하는 것도 좋다. 어린이들이 소그룹 내에서 특정한 구절이나 이야기를 같이 읽고 질문에 대답하는 방식이 그것이다. 또한 조각 맞추기 방법이 있는데, 소그룹에 속한 학생들이 각자 다른 개념이나 성경 구절 혹은 어떤 주제의 일부를 배운 다음 자기 그룹 사람들에게 그것을 가르치는 것이다. 그 결과 모든 사람이 가르치고 또한 다른 사람이 발견한 것을 배울 수 있게 된다. 이 방식을 조각 맞추기라고 부르는 이유는 완성된 그림에 대해 자기 그룹이 맡은 부분을 책임 져야 하기 때문이다. 이런 과정을 통하여 어린이들은 함께 배우며 서로를 돕는 체험을 하게 되고, 그리스도의 몸 된 지체로서 살아가는 법을 자연스레 몸에 익히게 될 것이다.

❓ 생각해 볼 문제

1. 예수님의 교육 방법 중에 가장 인상적인 것은 무엇인지 생각해 보고, 본인의 수업에서 어떻게 적용할 수 있는지 생각해 보세요.

2. 본인이 최근 몇 개월 동안 사용한 교육 방법들을 점검해 보고, 그것이 얼마나 다양성을 지니고 있으며 어린이의 발달 단계에 적합했는지 생각해 보세요.

3. 어린이들이 수업에 적극적으로 참여하도록 독려하는 방법에는 어떠한 것이 있는지 동료 교사들과 함께 토의해 보세요.

4. 동료 교사들과 함께 각자 가장 자신 있는 교육 방법에 대해 이야기를 나누어 보고, 그러한 은사들이 어떻게 효과적으로 사용될 수 있을지에 대해 생각해 보세요.

7장

어린이 교육과 가정

마땅히 행할 길을 아이에게 가르치라 그리하면 늙어도
그것을 떠나지 아니하리라(잠언 22장 6절)

가정 교육의 중요성

어느 시대 어느 장소를 막론하고 가정은 교육의 중심 장(場)이다. 가정은 인간의 삶이 형성되는 터전이며 모판이기 때문이다. 가정에서와 같은 체험과 학습은 가정 외에 어느 곳에서도 할 수 없다. 가정은 인생 가운데 가장 중요한 시기에 있는 자녀들에게 가르침을 반복하는 기회를 제공한다. 또한 가르침의 결과를 검토할 수 있는 기회를 제공하며, 다양한 체험들이 있다. 이러한 점에서 가정은 특히 어린이 양육에 있어 중요한 역할을 한다.

기독교 교육에서 가정은 더욱 중요한 위치를 차지한다. 한 개인의 신앙과 세계관, 신념과 태도 그리고 가치는 가정의 도움 없이는 제대로 가르쳐지기 어렵다. 어린이는 자신의 가르침대로 사는 부모의 그늘 아래에서 생활함으로써 살아 계신 하나님께 순종하고 그를 경외하는 방법을 가장 효과적이고도 분명하게 배울 수 있다.

그런 점에서 가정은 기독교 교육을 위한 일차적인 장소이다. 신약 성경은 기독교 교육의 사명을 하나의 포괄적인 용어인 '기독교적 양육'으로 요약하고 있는데, 에베소서 6장 4절에 나오는 '양육'이란 단어가 그것이다. 중요한 것은 이 명령이 기독교인 부모에게 주어졌다는 것이다. 기독교 신앙의 전수는 가정에서 모든 생활의 상호 작용을 통해 일어나게 된다. 가정 외의 다른 어떤 장소도 온전한 인격을 갖추도록 적절히 양육할 수 없기 때문이다. 부모는 자신의 체험을 통해서 자녀들에게 격려와 지시, 승인과 후원, 사랑과 존경을 나타내며, 자녀들이 달성해야 할 보다 큰 목표를 향한 비전과 관련하여 중요한 의견을 제공할 수 있다.

부모들은 자녀의 어린 시절에 있어서 정서적 상호 관계의 질을 크게 좌우한다. 부모와 안정된 관계를 맺은 어린이들은 정서적으로 건강하게 자라게 된다. 특히 부모에 대한 신뢰는 하나님께 대한 신뢰와 밀접하게 연결된다. 부모들은 자녀에게 지적으로 가장 효과적인 자극을 줄 수 있을 뿐만 아니라 어린이에게 세상을 해석해 줄 수도 있다. 어린이들은 부모가 이끄는 방향으로 나아가게 되며, 부모의 이해를 자신의 것으로 받아들이게 된다.

어린이들을 가르치고 함께 지내는 것은 곧 이들의 부모와 함께 일하는 것을 의미한다. 만약 한 어린이가 가정에서 바른 훈계를 받지 못한다면, 교사가 그 어린이에게 일주일에 한 시간 내외의 시간 동안에 그의 삶에 대해 훈계를 하는 것만으로 그를 바로잡기는 힘들다. 부모들이 자녀에 대한 사명감을 자각하고 보충 및 강화 교육을 몇 시간 정도 시킬 수 있다면 교회에서의 가르침들은 어린이의 삶에 있어서 중대한 의미를 지니게 될 것이다. 그러나 교회에서의 가르침이 가정에서 강화되지 않거나 혹은 교회에서의 가르침과 상반되는 내용을 가정에서 가르친다면 어린이들은 혼란을 일으키게 될 것이며, 교회에서의 가르침이 그들에게 별 의미를 갖지 못하게 될 것이다.

특히 교회는 가정에서의 아버지의 역할에 대해 보다 비중 있게 강조해야 할 필요가 있다. 아버지들이 열쇠가 된다. 아버지는 가정의 목회자가 되어야 한다. 어린이들은 자신에게 방향을 제시하고, 그의 충성심을 그리스도께로 인도하며, 훈계를 통해서 안정감을 제공해 주고, 하나님을 위해 봉사하고 그를 의지하는 생활에 대한 모범을 자신들에게 보여 줄 수 있는 사람을 필요로 한다. 그런데 바로 그런 것들을 어린이에게 제공하기 위한 최고의 적임자가 그 어린이의 아버지인 것이다. 아버지가 신앙이 없을 경우에는 어머니가 그 역할을 대신해야 한다. 가정의 목회자의 자리가 빈 채로 있지 않도록 훈계하고 모범을 보이는 어머니가 있을 때에 그 어린이는 아버지의 빈 자리를 느끼지 않게 될 것이다.

성경적인 근거

성경은 하나님께서 부모들에게 자녀의 영적 훈련에 대한 중대한 책임을 주셨음을 강조한다. 교회와 많은 기독교 교육 전문가들이 가정에서의 자녀 교육을 강조할 수는 있어도, 가정 대신 이런 책임을 질 수는 없다. 성경의 많은 구절들은 부모 됨에 대한 성경적인 신학을 밝혀 주며, 자녀들에 대한 교사로서의 부모의 역할을 설명해 주고 있다.

신명기 6장 4~9절

가정 교육에서의 부모의 역할이 가장 잘 나타나 있는 곳은 신명기 6장이다. 신명기 6장에서 우리는 약속된 땅에 들어가기 직전에 이스라엘을 향한 모세의 말 속에 담긴 부모에 대한 훈계를 발견할 수 있다. 모세는 가정에서의 가르침의 중대함을 인식하고, 부모들이 자신의 책임을 이해하도록 하기 위해 그 귀중한 기회를 포착했다.

우리는 부모에 대한 모세의 권고를 통해, 가정에서의 교육의 세 가지 요소들을 발견할 수 있다.

첫째는 모범적 요소이다. 부모는 자신의 삶에서 먼저 실천하여 나타나지 않은 진리를 자녀에게 적절하게 전할 수 없다. 그러므로 자녀를 가르치기 전에 부모들은 스스로 하나님과의 경험적·인격적 관계를 지녀야 한다. 모세는 이스라엘 백성에게 하나님의 유일성을 상기시킨 다음, 모든 영역에서 그들의 모든 힘을 다하여 정열적으로 하나님을 사랑하도록 권고하였다. "너는 마음을 다하고 성품을 다하고 힘을 다하여 네 하나님 여호와를 사랑하라"(5절). 부모들은 존재의 모든 면, 의지적(마음)·영적(영)·신체적(힘)인 영역에서 하나님에 대한 불같이 타오르는 사랑을 키워 나가야 한다. 더불어 하나님께 대한 이런 사랑의 결과로서 부모들은 하나님의 명령에 순종해야만 한다. 자녀를 바르게 교육하기 전에 부모들이 먼저 하나님께 대한 헌신을 키워 가야 하는 것이다. 부모들은 그들 삶의 모든 영역에서 표현되는 하나님을 향한 정열적인 사랑을 발전시켜 나가야 하며, 항상 하나님의 명령을 순종하는 책임 의식을 지녀야 한다. 부모와 하나님의 이와 같은 친밀한 관계는 가정을 자녀들에 대한 효과적인 가르침을 위한 무대로 만든다.

두번째는 시간적 요소이다. 부모들은 특별한 방법으로 자녀에게 영적 계명들과 훈계를 가르친다. 그 가르침은 자녀로 하여금 중요한 영적인 문제와 접하게 만들 뿐만 아니라 직접적이면서도 분명해야 한다. 부모들은 공식적인 교육 시간과 장소들을 계획해야 할 뿐만 아니라 매일의 가정 생활의 경험을 통해서도 이와 같은 가르침을 세밀히 시행해야 한다. 영적인 일에 대한 교육은 다양한 가정의 현장에서 일어나며, 가정 환경의 모든 구석구석에 배어 있어야 하는 것이다. "네 자녀에게 부지런히 가르치며 집에 앉았을 때에든지 길에 행할 때에든지 누웠을 때에든지 일어날 때에든지 이 말씀을 강론할 것이며"(7절) 이는 자녀가 아침에 일어나는 시간으로부터 잠자리에 들 때까지를 말하고 있는 것이다. 여기에서 모세는 가정에서의 가르침이 가정 생활에서 연속적으로 시행되어야 함을 말하기 위해 비유적 표현과 강조를 위한 반어적 표현을 사용하고 있다. 부모의 가르침은 때때로 미리 계획한 것에 따라 이루어지기도 하지만, 대개 일상적인 경험의 현장에서 영적인 일들에 대해 자녀에게 이야기할 때 우연히 이루어지는 것이다. "집에 앉았을 때에든지 길에 행할 때에든지"라는 말씀은 바로 일상 경험을 가리키는 것이다. 이 권고는 공식적인 가정 예배 시간을 제외시키지 않으면서 비공식적인 시간들 또한 포함시키고 있기 때문에 전 시간대에 걸쳐서 가정 교육이 이루어져야 함을 의미한다.

세번째는 환경적 요소이다. "너는 또 그것을 네 손목에 매어 기호를 삼으며 네 미간에 붙여 표를 삼고"라는 8절의 명령은 비록 보수적인 유대교에 의해 과거에는 문자적으로 해석되었지만, 대부분의 주석가들은 이 말씀이 부모의 행동(손)과 태도(미간)에 영향을 주며 동기를 불어넣고 지시하기 위해 하나님의 명령에 대한 거룩한 생활과 순종의 필요성을 강조하는 비유적 표현이라고 말한다. 이와 비슷하게 "네 집 문설주와 바깥 문에"(9절) 그 말씀을 기록하라는 명령은 사적인 영역(문설주)과 공적인 영역(바깥 문) 모두에서 경건한 생활 양식을 유지해야 할 필요성을 말하는 것이다. 그러므로 모든 가정 생활은 경건한 부모가 일상 생활의 경험을 통해 자녀들에게 영적인 일들을 가르치는 교실이 된다.

잠언 22장 6절

가정 교육과 밀접한 관계가 있는 잠언 22장 6절은 절대로 과소 평가되어서는 안 된다. 교사로서의 부모는 이 구절에서 가정 교육에 대한 책임의 또 다른 일부를 관찰할 수 있을 것이다. "마땅히 행할 길을 아이에게 가르치라 그리하면 늙어도 그것을 떠나지 아니하리라."

부모는 주님의 목적을 위해 자녀를 헌납함으로써 인생을 올바르게 출발시킬 책임이 있는 것이다. 이것은 '훈련하다'의 의미를 가지고 있다. 또한 여기에서의 "마땅히 행할 길"이란 자녀의 개성과 하나님에 의한 소명에서 비롯된 삶의 태도에 대해 말하는 것처럼 보인다. 그러므로 부모는 자녀의 개인적인 독특성을 분별하여 그를 잘 알아야 하며, 자녀의 성격과 능력이 봉사할 수 있는 수준이 되었을 때 주님께 그를 헌납함으로써 자녀가 일에 착수하도록 해야 한다. 부모는 자녀가 능력과 전문적 지식의 영역에서 주님의 사역에 헌신할 수 있도록 자녀의 발달을 지도해야 한다.

에베소서 6장 4절

신약 성경 역시 자녀를 가르쳐야 할 부모의 책임을 명백히 하고 있다. "또 아비들아 너희 자녀를 노엽게 하지 말고"(4절). 노엽게 하지 말라는 것은 격노케 하거나 낙심케 하지 말라는 것이다. 이 명령은 부모들에게 이성적이지 않은 요구, 사소한 규칙들, 낙담, 분개, 비통함을 가져오는 편애를 경계하도록 경고하고 있다.

부모들은 자녀를 노엽게 하기보다는 "오직 주의 교양과 훈계로 양육"해야만 한다. 부모들은 자녀를 양육하고 부양하며 다정하고 관심 있게 길러야 한다. 그 같은 다정하고 관심 섞인 양육은 영적으로 아동을 훈련하고 지도하고 바르게 하며 발전시키는 것을 뜻하는 말인 규율을 포함하고 있다.

더욱이 부모의 지시는 어느 정도의 훈계(지시)를 내포하는 것이다. 가정 교육은 불순종으로 빚어진 결과에 대해 경고의 형식을 취할 때도 있다. 여기에서 훈계라는 단어는 자녀가 의롭게 살아가도록 타이르고 경계하는 것을 의미한다. 자녀들은 '주 안에서' 순종하고, 부모는 '주 안에서' 가르치고 타이른다. 그리스도의 영이 모든 동기와 행동을 지켜 주고 충만하게 한다. 에베소서는 가족 관계의 중심과 가정 교육 및 학습의 중심이 그리스도이어야 함을 지적하고 있는 것이다.

가정에서의 기독교 교육

'어떻게' 자녀를 가르쳐야 하는가는 '왜' 그리고 '무엇을' 자녀에게 가르쳐야 하는가 만큼이나 중요하다. 방법론은 가정 교육에서 매우 필수적인 요소이다. 효과적인 교육 방법들을 어느 정도 이해함으로써, 교사 된 부모는 가정에서 자신의 책임을 완수하기 위해 스스로 더 잘 준비되어 있고 더욱 높은 동기를 가지고 있음을 알게 될 것이다.

모범

부모가 가정에서 자녀를 가르치기 위한 가장 효과적인 방법은 바로 부모의 모범이다. 부모가 설정한 경건한 본보기는 교육의 병기고에서 가장 힘있는 무기이다. 부모가 그것이 사실이라고 믿든 그렇지 않든, 자녀에게는 학교 선생님, 학원 지도자, 운동 코치 또는 심지어 목사님도 아닌 부모 된 그들이 가장 큰 영향을 미친다. 부모는 자녀가 영적인 인격을 갖춘 경건한 사람이 되도록 도울 수 있는 가장 멋진 기회를 가진 사람이다. 자녀는 어려운 시기 동안 도움과 지도를 구하기 위해 흔히 부모에게 의지한다. 실제적인 기독교적 삶에서 자녀를 가장 쉽게 관찰하는 사람은 부모이다. 자녀는 감정과 정서가 드러나는 폭넓고 다양한 상황에서 부모를 본다.

자녀들은 다양한 상황 속에서 부모를 관찰하면서 부모들의 "태도는 어떠한가? 행동은 무엇과 같은가? 초점이 그리스도에게 맞추어져 있는가? 그것은 일관성이 있는가? 기도하는가? 하나님께 감사하는가? 친절한가? 관대한가?"를 보는 것이다. 이러한 경건함의 특성들은 모범 과정을 통해 부모로부터 자녀에게 전해질 수 있다.

부모의 본보기는 자녀의 삶에 중요한 힘이 된다. 이것은 부모들에게 커다란 부담으로 다가올 수 있다. 그러나 부모는 성숙한 본보기가 되어야 하는 것이지, 완벽한 본보기가 되어야 하는 것은 아니다. 부모가 회개와 겸손의 실제적이고 생동적인 본보기가 됨에 따라 자녀들은 불완전한 그리스도인들이 서로 존경하며 하나님과 용서의 관계를 가지며 살아갈 수 있음을 이해하게 된다. 자녀는 자기 자신의 삶에 대한 견해를 말해 주는 부모로부터 도덕과 규범을 배우게 된다.

가정 예배와 성경 읽기

자녀를 중심으로 계획된 가정 예배는 기독교 교육에 매우 효과적이다. 가정 예배를 통하여 어린이들의 신앙이 자라게 되며, 그들의 삶에서 하나님이 의미 있는 분으로 자리 잡게 된다. 부모들은 가정 예배가 딱딱하고 형식적이 되지 않도록 주의하여야 한다. 가정 예배는 자녀 중심이어야 하고, 미리 계획된 것이어야 하며, 삶에서의 적용이 중심이 되어야 한다. 자녀들이 좋아하는 찬양을 함께 하는 시간은 가정에 기쁨을 제공하게 될 것이다. 또한 식사 기도는 작은 일처럼 보이지만, 어린이들이 일상에서 하나님을 기억하며 하나님 중심의 삶을 살도록 하는 기초를 제공한다. 자녀와 함께 하는 성경 읽기 역시 매우 중요하다. 부모는 어린이가 혼자 성경을 읽도록 격려할 뿐만 아니라, 정기적으로 부모가 함께 성경을 읽음으로써 어린이들에게 자연스럽게 성경을 가르칠 수 있는 기회를 가지게 된다. 어린이는 그들이 글을 읽지 못하는 영유아 시기뿐만 아니라 초등 학교 때에도 그들의 부모가 성경을 읽어 주는 것을 매우 좋아한다. 잠자기 전 혹은 정해진 시간에 어린이들에게 성경을 읽어 준다면 그 성경 말씀은 자녀에게 평생의 길이요 등불이 될 것이다.

그 밖의 방법들

위에 언급한 방법들 외에도 가정 생활의 현장에서 예상하지 못했던 일들이 자녀에게 중요한 영적 진리들을 가르칠 수 있는 좋은 기회가 되기도 한다. 예기치 못했지만 생산적인 그 기회들을 통하여 부모 자녀간에 성경적인 원리나 통찰의 적용이 일어나는 공통된 경험을 갖게 되는 것이다.

기도가 응답되는 경험은 부모와 자녀가 한데 어우러져서 하나님께 감사할 기회를 준다. 질병, 상처, 친구의 죽음과 같은 나쁜 소식은 어린이가 치유와 위안과 확신을 얻기 위해 하나님을 의지하는 법을 배우는 좋은 기회가 된다. 따라서 부모는 자녀가 경험하는 예기치 못한 사건을 영적으로 풍성한 열매를 맺는 순간으로 바꿀 수 있을 것이다. 새가 노래하는 것을 듣거나 가을에 낙엽이 떨어지는 것을 지켜 보거나 작은 곤충들을 관찰하는 것을 바라보는 것, 그 모두는 자녀에게 살아 계신 주님의 임재를 전달하는 '가르칠 수 있는 순간들' 이다. 자녀가 친구로 말미암아 기분이 상했을 때는 용서에 대해서, 외출하려고 할 때 아이를 돌봐 주겠다는 사람은 오지 않고 약속한 시간이 임박해 올 때는 신실함에 대해, 생물 시험을 준비할 때는 신뢰에 대해 가르칠 수 있는 순간들'을 포착하는 좋은 예가 된다.

그러므로 부모들은 항상 방심하지 말고 준비되어 있어야 한다. 왜냐하면 이것들은 부모가 민감하게 알아차리지 않으면 그냥 지나쳐 버리기 쉬운 시간들이기 때문이다. 부모와 공유하는 생각이나 성경 구절 또는 격려의 말은 감수성이 강한 어린이의 귀에 들려 오는 하나님의 음성이 될 수 있다. 이것은 임의적이지만, 가정에서의 가르침에 매우 효과적인 순간인 것이다.

가정에서의 부모와 자녀의 대화는 기독교 교육의 기본이 된다. 부모와 자녀의 관계에서 자신을 노출시켜 느낌을 나누며 부모의 행위 결과를 보게 하는 것은 중요하다. 부모의 자기 노출은 자녀가 자신의 행동의 결과를 보도록 도와주며, 자녀와 부모의 관계를 세워 주고, 진짜 세계를 가르쳐 주게 된다. 자녀는 인격 성장에 필요한 자기 감정을 나누는 법을 배움으로써 유익을 얻는다.

가정을 돕는 교회

이처럼 가정에서의 기독교 교육이 매우 중요함에도 불구하고 교회는 그에 대해 무관심해 왔다. 이것이 바로 가정과 교회에서의 기독교 교육 모두가 위기에 처하게 된 이유라고 할 수 있다. 이제 교회는 더 이상 가정에 대하여 무관심하거나 바라만 보고 있어서는 안 될 것이다. 교회는 가정을 돕는 교회여야 한다. 가정에서의 기독교 교육이 올바로 이루어질 때 교회에서의 교육은 그 빛을 발하게 된다. 가정은 교회를, 교회는 가정을 도울 때에 효과적으로 어린이들을 가르칠 수 있으며, 어린이들은 변하게 될 것이다.

첫째, 교회는 가정의 중요성을 인식하고, 전 교회에 그 중요성을 가르쳐야 할 것이다. 위에서 밝힌 바와 같이 가정은 기독교 교육을 위한 일차적인 장이며, 그것이 하나님의 뜻이다. 부모들은 더 이상 자녀 양육의 책임을 교사들에게 돌려서는 안 된다. 하나님은 부모들에게 명령하셨고, 그들에게 자녀를 주셨다. 어린이들의 신앙 교육의 책임은 일차적으로 그 부모에게 있는 것이다. 교회는 부모들이 그 책임을 심각하게 인식하고 책임 있게 반응할 수 있도록 가르치고 강조해야 할 것이다. 교회에서 이루어지는 교육 프로그램 역시 부모들을 배제해서는 안 된다. 교회에서의 가르침과 가정에서의 가르침이 연계성을 가지고 함께 진행될 수 있도록 항상 유의하여 프로그램을 진행하여야 할 것이다. 부모들은 그들의 자녀가 교회에서 어떠한 교육을 받고 있는지에 대해 알아야 할 권리와 의무가 있다. 교회는 어린이들의 부모가 교회의 교육에서 소외되지 않도록 항상 유의하여야 하며, 부모가 함께 하는 프로그램을 계획하여 부모들을 동참시키도록 하여야 할 것이다.

둘째, 교회는 부모들이 성경적으로 자녀를 이해하고 양육할 수 있도록 부모들을 교육해야 할 것이다. 많은 부모들은 자녀에 대해서 반드시 알아야 할 내용들을 제대로 알지 못하고 있다. 어린이의 심리적 발달과 영적 발달 사이의 중요한 상호 관계를 파악하지 못하고 있는 부모가 대다수이다. 이러한 부모들을 위하여 교회가 부모를 교육하는 일이 필요하다. 부모 교육이란 부모로 하여금 자녀 교육의 책임을 인식하고, 주어진 책임을 수행하는 데 필요한 지식과 기능을 습득하여 부모에게 요구되는 기본적인 태도를 지니도록 하기 위하여 의도적으로 주어지는 교육의 과정을 뜻한다. 교회는 부모 교육을 함으로써 부모들에게 자녀 교육에 관한 올바른 지식을 제공해 주며, 부모들이 원하는 여러 가지 분야를 넓게 알 수 있도록 기회를 제공하며, 부모 자신의 위치와 역할을 바르게 인식할 수 있게 해준다. 그럼으로써 부모들은 행동을 형성하는 데 있어서 성경의 가르침을 받을 수 있다.

부모가 되는 것은 행동의 수정을 필요로 한다. 부모들은 시편 127편 3절에 나타난 바와 같이 자녀들이 주님께서 주신 선물이라는 사실을 명심하고 주님의 교양과 훈계 안에서 자녀를 양육해야 한다. 성경의 지배적 관점은 모든 자녀가 하나님의 선물이요 유산이라는 것이다. 교회는 부모들에게 이와 같이 자녀에 대하여 알 수 있고 또한 자녀 양육을 어떻게 해야 할지에 대한 실제적인 도움들을 제공하여야 한다. 결혼 전에 교육을 받고 결혼식을 하듯이 신혼 부부들은 부모 됨에 대한 교육을 받고 자녀를 키우도록 해야 할 것이다. 또한 자녀의 연령에 맞추어서 각각 해당되는 부서들이 그 연령의 어린이들뿐만 아니라 그 어린이들의 부모 교육까지도 책임 지고 해야 할 것이다.

부모들이 가정에서 어떻게 자녀들을 신앙으로 올바로 양육할 수 있는지를 가르치는 것은 교회의 책임이며, 교회가 그 책임을 다할 때에 비로소 진정한 기독교 교육이 이루어질 수 있는 것이다. 앞에서 밝힌 바와 같이 교회에서 어린이들을 가르치는 시간은 매우 짧다. 그 시간만으로는 어린이들에게 삶의 변화를 가져오는 가르침을 주기가 매우 어렵다. 이제 교회는 가정과 함께 그 책임을 다하여야 하는 것이다. 각 교육 부서들은 어린이들뿐만 아니라 그들의 부모를 교육하는 것 역시 교육 과정에 포함하여야 할 것이다. 각 부서의 교육 계획에 부모 교육을 위한 교육 프로그램이 있어야 할 뿐만 아니라, 어린이와 그 부모들이 함께 할 수 있는 프로그램이 있어야 할 것이다. 쉽게는 부모와 함께 드리는 예배에서부터 부모와 함께 하는 성경 공부, 부모와 함께 하는 여름 캠프 등의 프로그램 등이 권장할 만하다.

셋째, 교회는 가정에서의 기독교 교육을 위하여 가정에 프로그램을 제공해야 한다. 가정이 기독교 교육을 위한 일차적인 기관임에도 불구하고 가정의 기독교 교육을 위한 자료와 프로그램은 너무나 부실하다. 각 가정에게만 그 책임을 맡기는 것은 너무 큰 부담이 될 것이다. 특히 가정에서의 신앙 교육이 잘 이루어지지 못하였던 한국 교회의 역사를 바라볼 때 더욱 그러하다. 교회는 이미 많은 경험과 전문가와 훌륭한 교사들과 많은 자료들을 가지고 있다. 교회는 이를 바탕으로 하여 가정에서의 기독교 교육을 위한 자료와 프로그램들을 제작하고 가정에 제공해 주어야 할 것이다. 그러할 때에 가정은 부담 없이 그 책임을 감당할 수 있을 것이다. 자녀의 연령에 맞는 가정 예배서를 제공하는 것도 효과적이다. 또한 교회에서 이루어진 교육이 가정에서도 계속 병행될 수 있도록 가정에서 활용 가능한 교재를 제작하는 것도 좋다. 가정에서의 성경 읽기, 성경 암송 등을 위한 자료를 제공할 수도 있을 것이다.

넷째, 교회는 가정이 올바로 세워지고 회복되도록 노력해야 한다. 교회는 교육에 대한 부분뿐만 아니라 전반적인 가정 문제를 위해서도 노력해야 할 것이다. 점점 결손 가정이 늘어 가고 있는 이 시대에 가정을 새롭게 하고 가정을 회복하기 위한 노력이 교회에서부터 시작되어야 할 것이다. 많은 가정이 갈라지면서 또한 많은 어린이들이 갈등 가운데 놓여 있다. 편부모 가정에서 자라나는 어린이가 많아지고 있으며, 부모의 재혼으로 새로운 부모를 받아들여야 하는 어린이들도 있다. 그 외에도 가정의 많은 문제들로 인하여 어린이들이 가정의 평안함을 누리지 못하는 것이 작금의 실태이다. 이러한 시대의 필요를 교회가 외면하여서는 안 될 것이다. 가족 갈등, 이혼, 결혼 전 교육, 성교육, 노인 문제 등 다방면으로 가정을 돕기 위한 노력이 교회에 있어야 한다. 우선 가정이 올바로 세워지고 하나님께서 원하시는 가정의 모습이 될 수 있도록 예방적인 노력을 하여야 할 것이다. 교회에서 먼저 가정의 중요성이 강조되어야 할 것이며, 아름다운 가정을 위한 교육이 제공되어야 할 것이다. 뿐만 아니라 이미 어려움을 겪고 있는 가정 또한 외면해서는 안 될 것이다. 이혼, 독신 등이 늘어 가는 이 시기에 교회는 그들을 외면해서는 안 될 것이며, 교회적으로 올바른 입장을 정리하고 그들에게 적절한 도움을 제공해야 할 것이다.

다섯째, 교회는 확대 가정으로서의 역할을 감당해야 한다. 가정이 기독교 교육을 위한 일차적 기관이라면 불신 가정에서 혼자만 혹은 어린이들만 교회에 출석하는 경우 그들은 제대로 된 기독교 교육을 받을 수 없게 된다. 교회는 이들에게 무책임해서는 안 된다. 교회는 하나님의 가정이다. 가정에서 기독교 교육을 하지 못한다면 이차적으로 교회가 그 책임을 감당해야 한다. 부모의 역할을 누군가 대신해야 하는 것이다. 어린이에게 의미 있는 교회 내 성인이 대리 부모로서의 역할을 감당할 수 있다. 교회는 부모 없이 교회에 출석하는 어린이들에 대하여 그들이 교사 외에도 다른 성인들과 관계를 맺을 수 있도록 도와주어야 한다. 교회 내의 가정에서 그 어린이들을 입양하는 형식을 맺을 수도 있을 것이다. 또한 혼자서 교회에 출석하고 있는 성인 또는 노인과의 결연이 효과적인 방법이 될 수도 있을 것이다. 두 세대 이상의 연령층이 함께 참여하는 간세대 교육 프로그램을 정기적으로 교회에서 가지는 것 또한 좋은 방법이다. 교회 전체가 확대 가정이 되어 그 어린이들을 돌보아야 한다. 부모에게서 보지 못하는 모범된 삶을 교회의 어른들에게서 보고 배울 수 있는 기회를 그 어린이들에게 제공해 주어야 한다. 그 어린이들은 부모를 대신하는 사랑을 통하여 값없이 주시는 하나님의 사랑을 느낄 수 있을 것이다. 교회는 그 어린이들의 가정이 제공하지 못하는 진정한 사랑과 평안을 제공함으로써 하나님 나라의 모습을 그 어린이들에게 보여 주게 될 것이다.

생각해 볼 문제

1. 본인이 맡은 어린이들 중 믿는 가정과 불신 가정 중 어느 쪽의 비중이 큰지를 살펴보고, 그 결과에 따른 반 운영에 대해 생각해 보세요.

2. 본인이 속한 교육 부서에서 이루어지고 있는 부모 교육의 실태를 점검해 보고, 개선되거나 첨가되어야 할 부분에 대해 생각해 보세요.

3. 불신 가정의 어린이를 위해 교육 부서와 교회가 해야 할 일을 나누어 생각해 보세요.

4. 교사 자신의 가정의 모습을 돌아보고, 가정에서 부모로서 모범된 생활을 하며 신앙 교육을 잘 하고 있는지 점검해 보세요.

8장
어린이 교육과 미디어

새 포도주를 낡은 가죽 부대에 넣는 자가 없나니
만일 그렇게 하면 새 포도주가 부대를 터뜨려 포도주와 부대를 버리게 되리라
오직 새 포도주는 새 부대에 넣느니라 하시니라
(마가복음 2장 22절)

미디어 시대

이미 21세기로 접어든 이 시대를 가장 잘 표현하는 말이 있다면 바로 '정보화 사회'일 것이다. 과거 시대를 대표하던 문자, 활자 대신에 TV를 비롯하여 비디오, CD롬, 컴퓨터, 인터넷 등 멀티 미디어들이 생활의 주요 미디어로 떠오르게 되었다. 미디어는 본질적으로 인간이 살아가는 데 있어서 가장 기본적인 요인으로서의 역할을 한다고 볼 수 있다. 인간은 사회적인 관계를 맺고 살아가는 사회적인 존재이며, 사회적인 존재로서 인간에게 가장 중요한 역할을 해주는 것이 의사 소통이라고 할 수 있기 때문이다.

이러한 미디어의 영향력은 성인뿐만 아니라 어린이들에게도 파격적으로 나타나고 있다. 방송사들은 어린이들을 주 시청자로 하는 프로그램을 방영함으로써 자신들이 만든 캐릭터를 우상화시키고 있으며, 수많은 TV 연예인들이 어린이들의 우상이 되고 있다. 어린이들은 스타를 꿈꾸며 그들을 본받고자 한다. 어린이들이 교회에 오는 것은 고작 일주일 중 하루에 해당되지만, 대중 문화와 미디어를 대하는 시간은 거의 일주일 전부라 하여도 과언이 아니다. 일주일에 하루는 교회, 일주일 중 6일은 TV 방송이나 비디오 그리고 컴퓨터, 인터넷을 오가면서 정보의 홍수 속에 휩싸여 살아가고 있는 것이다. 특히 고학년 어린이들은 다른 사람이 가진 훌륭한 자질에 찬미를 보내며, 도덕적으로 높은 수준에 있지 못한 사람이라도 단순히 그가 인기와 설득력이 있다는 것 때문에 자신을 그와 동일시하는 경향이 있다. 그렇기 때문에 고학년 어린이들은 TV 등에 나오는 사람을 영웅화하는 경지에 빠져들기 쉽다.

이제 가정은 모든 미디어가 만나는 집합소이며, 부모들은 그들의 자녀가 아주 어린 시절부터 여가 선용의 도구로 미디어를 사용하도록 사회화시키고 있다. 어려서부터 비디오, TV 등에 접하기 시작한 어린이들은 이제 컴퓨터, 인터넷 없이는 살아갈 수 없는 아이들로 자라 가고 있다. 그야말로 미디어의 홍수 속에서 살아가고 있는 것이다.

미디어에 대한 올바른 이해

그렇다면 이 시대를 살아가고 있는 기독교인들은 이 미디어에 대해 어떻게 이해해야 할까? 우선적으로 기독교인들이 피해야 할 극단적인 두 가지 태도가 있다. 첫번째 태도는 새로운 미디어 기술은 사단의 도구일 뿐이라는 생각이다. 이런 태도를 견지하는 어른들은 점점 더 미디어에 민감해지고 있는 어린이들과의 사이에 더욱 고랑만 깊어지게 될 것이다. 어린이들은 오히려 새로운 미디어 기술 속에서 얻을 수 있는 가치를 알고 있기 때문이다. 받아들일 수 없는 또 하나의 극단은 아무 생각 없이 모든 종류의 새로운 미디어를 마구 사용하는 것이다. 마치 새로운 미디어가 삶을 더욱 행복하게 해주고 무엇과도 바꿀 수 없는 즐거움을 준다는 듯이 말이다. 미디어의 진정한 모습을 이해하지 못한 채 그것이 주는 즐거움에만 빠져 있다면 기독교인은 그 정체성을 잃고 제자리를 찾지 못하게 될 것이다.

현대 사회의 가장 거대한 신화 중의 하나는 미디어를 일종의 오락 산업 내지는 정보 산업으로 보는 것이다. 그러나 커뮤니케이션의 도구인 매스 미디어는 좀더 근본적으로 정체성 산업 즉 사람들의 정체성 형성에 영향을 미치는 산업이다. 매스 미디어는 그 사용자의 기본적인 가치관과 신념들을 창조 혹은 반영하는 것이다. 너무나 많은 메시지들이 한꺼번에 쏟아져 들어오면서 이 세계는 견고한 가치관과 신념 체계를 유지하는 것에 심각한 위협을 느끼게 되었다. 시장 지향적이고 기술에 끌려 가는 문화적 풍요로움으로 인해 문화는 뒤섞인 메시지들, 서로 단절된 가치관과 신념 체계들 그리고 급속히 변모하는 경험들 등이 한데 섞인 불협화음이 되어 버렸다. 수많은 메시지들이 우리의 눈과 귀에 날아다닐지라도 그 속에서 우리는 분명한 세계관이나 우주론을 결코 접하지 못할 것이다.

미디어는 구조적으로 상업적인 동기를 가지고 있다. 이러한 가치관은 미디어를 접하고 있는 모든 사람들에게 알게 모르게 커다란 영향을 미치고 있다. 지금까지 개인이나 공동체 그리고 인간 세상에서 최고의 주요한 가치라고 믿어 오고 또 지켜 왔던 모든 것들이 갈등과 혼돈을 겪으면서 서서히 변화되어 가는 것이다. 어린이들이 좋아하고 늘 생활 속에서 대하는 매스 미디어들은 결국 어린이들의 생각을 바꾸고, 습관을 형성시키며, 기존의 가치관을 뒤흔들어 놓는다. 특히 하나님의 자녀인 교회의 어린이들은 가치관의 혼돈 앞에 서 있다. 대중 매체가 뿜어 내는 가치와 교회 학교에서 배우는 기독교적인 가르침 사이에서 오는 갈등과 혼돈으로 인해 어린이들은 삶 속에서 분별력과 판단력을 잃어버릴 위기에 처해 있는 것이다.

퀸틴 슐츠는 미디어 시대에는 네 가지 우상이 있다고 말한다.

첫째는 소비주의이다. 이제 이 사회에는 '물건들'에 대한 사랑이 너무나 편만해서 사람들은 그것이 우리의 삶 속에 행사하는 문화적 힘을 의식조차 못하고 있다. 광고, 영화, 황금 시간대 TV 프로그램 그리고 스타가 만들어 내는 오락 산업 전체의 시스템은 소비 지향적 가치관의 원천이다. 일단 우리의 정체성이 우리가 사서 보여 줄 수 있는 물건과 밀착되어 버리면 이러한 윤리는 계속해서 우리의 삶을 침해하게 된다. 기독교인들은 물질 세상의 좋은 점들을 포용해야 한다. 그러나 물질을 우상화해서는 안 된다. 그것은 탐욕이라는 큰 죄악인 것이다.

둘째는 세속화된 악의 개념이다. 미디어 세상에서는 죄라는 단어가 차지할 자리가 거의 없다. 미디어는 죄라는 것을 하나님과는 동떨어진 어떤 세속적인 악이라는 개념으로 대체해 버렸다. 미디어 세상에는 선한 인물과 악한 인물이 엄청나게 많이 등장한다. 뉴스나 비디오 게임에도 마찬가지다. 그러나 하나님을 대적해서 인간이 죄를 범했다고 하는 영원성의 개념은 없다. 심지어 몇몇 조잡한 영화들도 선악에 대한 개념을 보여 준다. 그러나 거기에서 나타내는 세상은 죄라는 개념을 보여 주기에는 매우 협소하기 마련이다.

세번째 우상은 개인주의이다. 오늘날의 미디어들은 종종 인류의 가장 기본적인 이기심에 호소한다. 즉 인간은 이 세상 속에서 일차적으로 우리 자신을 섬기기 위해, 개인의 즐거움을 극대화하고 자기 자신의 자유의 길을 따르기 위해 존재한다는 것이다. 개인 스포츠 경기, 서부 영화나 탐정 프로그램에 나오는 영웅들, 광고와 기타 대중 문화 속에서 퍼레이드를 벌이고 있는 개인들의 육체가 강조되는 것을 보면 이런 경향을 알 수 있다. 반면에 기독교는 이타적인 삶과 신자들의 공동체에 대한 헌신이라는 소명으로써 이런 현상에 대응해야 한다.

넷째는 외적인 외모이다. 이미지를 만들어 내는 미디어들─잡지,

영화, TV, 대형 광고판 등—로 인해 인간의 육체는 이 시대의 우상이 되어 가고 있다. 인간 생활 전반에 걸쳐 미디어가 외적인 미모를 정의 내리고 고양시키는데, 이제는 문화적 병폐를 드러낼 정도까지 되었다. 만약 우리가 몸매, 피부, 옷에 신경 쓰는 대신 내면을 살피는 삶을 산다면 우리의 문화는 정말 달라질 것이다.

이미 어린이들이 이러한 미디어의 영향 아래 있음을 알 수 있다. 어린이들 역시 소비 지향적인 모습을 가지고 있으며, 개인주의와 이기적인 모습을 당연하게 받아들이고 있다. 그들의 관심은 그들의 외적인 외모이며, 내적인 아름다움에 대해 인식하지 못하는 것이 일반적이다. 그들에게 더 이상 죄란 없다. 단지 미디어에서 말하는 악인들이 있을 뿐이다.

기독교와 미디어

그렇다면 이러한 미디어와 기독교는 어떠한 관계를 가지고 있을까? 미디어와 기독교의 관계를 올바로 이해하는 것은 미디어를 올바로 사용하는 기준을 제시하는 것이 될 것이다.

첫째, 기독교와 의사 소통은 불가분의 관계이다. 인간은 하나님께서 그 자신을 알려 주셨기 때문에 그 분을 알 수 있었다. 신앙과 신앙의 경험을 소통하는 것은 모든 종교의 본질에 속한다. 특히 기독교에 있어서는 더욱 그렇다. 의사 소통 과정과 복음의 본질은 불가분의 관계이다. 기독교 신앙은 인간을 향한 하나님의 자기 계시 즉 인간을 상대로 하는 자기 커뮤니케이션이다.

창세기에 기록된 창조의 사건에서도 알 수 있듯이 하나님의 창조와 우주적·역사적 주권은 '말씀'으로 이루어졌다. 하나님은 그의 피조물인 아담과 하와와 인격적 커뮤니케이션을 실현하셨다. 인간의 범죄로 인해 하나님과 인간과의 커뮤니케이션은 파괴되었다. 하나님에 대한 배반의 상징인 바벨탑은 언어의 획일에 의한 인간의 지배 체제를 의미하는데, 바벨탑 사건은 결국 언어의 혼란과 커뮤니케이션의 단절이라는 하나님의 심판을 가져왔다. 그러나 인간의 범죄 이후, 하나님께서는 다시 인간과의 커뮤니케이션을 계획하셨고, 그것은 구원으로 나타났다. 예수 그리스도의 성육신은 가장 중요한 하나님의 자기 계시요, 커뮤니케이션의 원형적 사건이다. "말씀이 우리 안에 거하시매" 기독교의 복음은 바로 좋은 소식인 것이다.

둘째, 의사 소통과 미디어는 불가분의 관계이다. 의사 소통을 원치 않는다는 사실을 전달할 때에도 의사 소통 방법을 사용할 수밖에 없는 것처럼, 미디어를 사용하지 않겠다고 결정할 수는 없다. 모든 의사 소통은 미디어를 통할 수밖에 없다. 인간이 의사 소통을 하는 한 어떤 종류와 모습이건 간에 미디어는 반드시 존재한다. 그러므로 문제는 미디어의 사용 여부에 있는 것이 아니라, 오히려 어떤 미디어를 사용할 것인가 하는 것에 있다.

셋째, 기독교인도 오늘날의 미디어를 사용해야 한다. 하나님께서는 언제나 사람들이 이해하는 언어로 말씀해 오셨다. 오늘날 미디어는 전세계적으로 이해되는 문명어 가운데 하나이다. 그러나 동시적이면서 초문화적인 의사 소통의 엄청난 가능성이 존재하는 반면 그 이면에는 심각한 위험성도 도사리고 있다. 우리의 주변 환경이 되어 버린 대중 매체 환경은 기독교가 지향하는 복음적 가치관과는 거리가 멀고 오히려 비뚤어진 가치관을 확산시키는 도구라고 볼 수도 있다. 그러나 부작용과 문제점이 있다고 해서 미디어 또는 대중 문화 자체를 부정하거나 본래의 다양한 기능을 포기할 수는 없다. 잘만 사용한다면 과거 어느 시대에도 상상할 수 없는 효율성과 효용성을 지닌 풍부한 가능성을 지닌 유용한 존재이기 때문이다. 기독교인은 결코 오늘날의 미디어를 부정할 수 없으며, 오히려 그것을 잘 활용해야 하는 책임을 지고 있는 것이다.

미디어 교육의 중요성

완전히 문화적 은둔자가 되지 않고서는 우리는 어쨌든 미디어 세상에서 살아가야 한다. 이제 미디어는 아이들을 교육하는 일에서 직접적으로 부모, 목사, 교사들과 경쟁을 벌인다. 이전에는 부모와 목사, 교사들이 어린이들에게 가장 권위 있는 존재들이었다. 그러나 전통적인 권위 집단인 위의 세 그룹의 위치는 어린이들의 가치관과 신념 체계를 형성하는 데 큰 위력을 발휘하고 있는 미디어에 의해 점점 더 흔들리고 있다.

우리가 원하건 원치 않건, 어린이들은 미디어 세상에서 자라고 있다. 부모, 교역자 그리고 교사들이 이런 넓은 세계로부터 어린이들을 고립시키는 것은 점점 더 불가능해질 것이다. 물론 어린이들은 보호가 필요하다. 그러나 무엇보다 그들에게 필요한 것은 이러한 미디어 세상을 기독교적으로 바라보는 법을 배우는 것이다. 이것은 일종의 영적 예방 접종이라고 볼 수 있다. 그렇게 함으로써 그들은 세상 속으로 들어가 그것을 하나님의 나라로 변혁시킬 수 있는 것이다. 우리의 과업은 이 세상 속에(in the world) 살면서 이 세상의 사람들(of the world)이 되지 않는 것 곧 이 세상에 순응하지 않는 것이다. 이 세상 속에 살되 이 세상의 사람이 되지 않는 것, 이것이 바로 교회가 우리의 어린이들에게 가르쳐야 할 일이다.

현대는 다양한 미디어 시대요, 우리 모두는 미디어가 전해 주는 정보의 홍수 속에 살고 있다. 미디어는 우리가 호흡하는 공기와 같고 사용하는 언어와도 같다. 미디어는 도구에 불과한 것이 아니고, 그 안에 우리가 살고 있는 것이다. 이제 인간에게 있어서 미디어는 마치 바다와도 같다. 호기심을 가지고 바다 속에 뛰어들어 헤엄 치는 자만이 놀라운 미디어의 세계를 경험할 수 있다. 이와 같은 시대의 흐름 앞에서 미디어라는 숲 속에 살고 있는 현실적인 환경과 문화를 교육적으로 어떻게 이해하고 분석하며 일상 생활에 적용해야 할 것인가에 대하여 교육하는 것이 필요하다.

미디어 교육은 인간이 매체를 올바로 활용할 수 있는 능력을 기르기 위한 교육이다. 각종 대중 매체의 가치관이 복음적 가치관과 배치될 때에는 이를 극복하는 힘을 기르는 것이며, 아울러 매체를 통해 복음적 가치관이 흐를 수 있도록 적극적으로 활용하는 교육인 셈이다.

오늘날 대중 매체의 홍수 속에서 살아가고 있는 기독교인들이 주체적인 미디어 수용 능력을 키우고, 나아가 정보화 사회를 올바르게 살아갈 수 있도록 하는 교회에서의 미디어 교육의 필요성은 그 어느 때보다도 절실하다. 특히 21세기 정보화 사회의 주역이 될 어린이들이 올바른 대중 매체 활용 능력과 인성을 형성할 수 있도록 교회가 앞장 서서 적극적인 방향을 모색할 때이다. 미디어 교육은 현재 학교 등의 공적인 교육 기관에서 시행하고 있지 않다. 교회의 역할이 더욱 중요한 것이 바로 이 때문이다. 교회는 어린이를 위한 미디어 교육 과정을 제공함으로써, 사람들이 오늘날의 매스 미디어에 직면

했을 때에 느끼는 좌절감과 혼란스러움 대신 주체적인 미디어 수용 능력을 가질 수 있도록 교육해야 한다.

교회에서의 미디어 교육은 주체적인 미디어 수용 능력을 교육함은 물론 미디어를 올바르게 이용하고 개혁하는 교육이어야 한다. 새로운 미디어가 가지고 있는 가치를 외면하는 구태 의연한 사고 구조로는 변화하는 시대에 복음을 전파하고, 자라나는 세대들을 변함없이 하나님 나라의 백성으로 양육하는 일을 효과적으로 해낼 수 없다. 그러므로 이것을 인식하는 일이 이 시점에서 우리가 해야 할 가장 중요한 일임을 인정해야만 한다.

미디어 교육의 실제

앞에서 언급한 바와 같이 미디어 교육은 인간이 매체를 올바로 활용할 수 있는 능력을 기르기 위한 교육이다. 그렇다면 교회에서의 미디어 교육은 어떻게 이루어져야 하는가? 특히 어린이 교육에서의 미디어 교육은 어떤 모습이어야 하는가? 교회에서 이루어져야 하는 미디어 교육은 크게 다음과 같이 나누어질 수 있다.

세계관 교육

미디어 시대에 눈에 보이는 갈등이나 폐해보다도 더욱 심각한 문제점은 기독교인이 지키고 삶의 기준으로 삼아야 할 기독교 가치관과 반대되는 매스 미디어 가치관의 영향력이다. 말초적 감각을 자극하고 일시적인 흥미 유발이라는 상업적 목적 달성에만 치중하는 매스 미디어의 내용은 전반적으로 교회가 지향하는 기독교 가치관들과 매우 큰 차이가 있다. 미디어는 단순한 여가 선용의 도구가 아니다. 우리의 가치관과 정체성을 확립하는 데 커다란 영향을 미치는 힘을 가지고 있는 것이 바로 미디어이다. 이러한 점을 고려할 때 교회의 미디어 교육에서 무엇보다 중요한 것이 세계관 교육이다. 세계관이란 이 세상을 바라보는 하나의 틀이라고 할 수 있다. 각 개인이 가지고 있는 가치관이라고도 표현할 수 있다. 어떠한 세계관을 가지고 사람과 사물, 상황을 바라보는가에 따라 해석과 반응이 달라질 수 있다. 인간은 어떠한 존재인가? 문화를 어떻게 이해해야 하는가? 죄는 무엇인가? 이러한 질문들에 대한 답을 세계관이 제공한다. 미디어의 홍수 속에 살아가고 있는 어린이들의 삶 전체를 교사나 부모가 통제하고 지도할 수는 없다. 어린이들 스스로가 분별력을 가지고 미디어를 접하도록 교육하는 것이 미디어 교육의 출발점이 될 것이다. 그것이 바로 세계관 교육이다. 어린이들에게 기독교적인 세계관을 심어 주고 그들이 그 세계관으로 자기 자신과 자신의 삶 그리고 미디어를 바라보게 하는 것이다.

올바른 미디어 이해 교육

교회의 미디어 교육에서 두번째로 필요한 것은 실제적으로 미디어를 어떻게 이해할 것인가에 대한 교육이다. 수많은 미디어가 있으며, 특히 뉴미디어인 멀티 미디어가 점차 늘어 가고 있는 이 시대에 실제적으로 각 미디어를 어떻게 이해해야 하는지에 대한 교육은 너무나 시급하고 중요한 문제이다. 또한 미디어 이해에 대한 교육은 어린이를 대상으로 한 교육뿐만 아니라 부모 교육도 함께 병행되어야 한다. 어린이들이 수많은 미디어를 접하는 장소가 바로 가정이며, 그에 반해 미디어에 대한 부모의 올바른 기독교적 이해는 너무나 빈약한 상태이기 때문이다. 어린이와 부모가 함께 미디어에 대한 교육을 받게 될 때 부모는 가정에서 어떻게 미디어 교육을 할 것인가를 배우게 될 것이며, 어린이들 또한 그 가르침에 순종하게 될 것이다.

먼저는 전반적인 미디어 이해에 대한 교육이 필요하다. 미디어의 정의, 종류, 역사 등 일반적인 미디어 이해가 선행되어야 할 것이다.

두번째로는 미디어의 영향력에 대한 교육이 필요하다. 앞에서 밝힌 바와 같이 미디어는 인간의 가치관과 신념을 좌우하는 커다란 위력을 가지고 있다는 것을 인식시키고, 미디어 속에 내포되어 있는 비기독교적인 가치관과 상업주의적인 동기를 분별해야 할 필요성에 대하여 교육해야 할 것이다.

세번째는 전반적인 미디어 사용의 기준을 제시하는 교육이 있어야 할 것이다. 미디어를 올바로 사용하기 위해서는 미디어 종류와 상관없는 일관성 있는 기준이 필요하다. 퀸틴 슐츠는 가정에서의 미디어 사용에 대한 기준을 다음과 같이 네 가지로 제시한다. 첫째, 분별력이 있어야 한다는 것이다. 미디어가 전달하는 내용의 옳고 그름과 우리의 사고에 미치는 이해를 구분할 수 있어야 한다. 둘째, 중용이 필요하다. 가정 생활에서 미디어를 너무 많이 혹은 너무 적게 사용하는 것은 둘 다 바람직하지 않다고 그는 밝힌다. 새로운 미디어들은 중용의 미를 발휘하여 사용할 때 가장 효과적이라고 한다. 셋째, 균형의 문제이다. 각 가정에서는 고기술을 이용한 의사 소통과 미디어 없이 이루어지는 가족끼리의 시간인 저기술 의사 소통을 균형 있게 운용해야 한다는 것이다. 넷째, 통합성이다. 가족들이 개인적으로 자기 혼자서만 미디어를 사용할 것이 아니라, 가족이 함께 논의하고 사용함으로써 가정 생활의 일부분으로 통합되어야 한다고 그는 주장한다.

미디어 사용 교육

위와 같은 미디어에 대한 전반적인 교육을 실시하였다면, 이제는 실제적으로 각 미디어를 사용하는 법에 대한 교육이 필요하다. 현재 어린이들이 가장 많이 사용하는 미디어는 TV, 비디오, 컴퓨터, 인터넷, 만화 등이다. 많은 뉴미디어의 등장에도 불구하고 아직까지 한국 사회에서는 미디어를 사용하는 데 쓰는 시간 중 많은 시간을 TV 시청에 쓰고 있다. 케이블 TV, 유선 방송에 위성 채널까지 가세하여 수많은 TV채널들이 어린이들을 TV 앞으로 부르고 있다. 아래의 도표에 나타난 것처럼 결국 TV는 두 얼굴을 가진 양면성의 존재이다. 따라서 어떻게 활용하느냐가 중요하다. 어린이들의 생활에서 큰 위치를 차지하고 있는 TV 시청이 어떻게 하면 올바르게 이루어질 수 있는가에 대한 실제적인 교육이 필요하다. 비디오 시청 역시 마찬가지이다. 특히 비디오는 반복 시청이 가능하다는 점에서 주의를 요한다. 폭력적이거나 선정적인 장면, 비기독교적인 가치관을 담고 있는 장면들이 반복해서 어린이들에게 보여질 때 그 영향력은 매우 커지기 때문이다.

김기태는 다음과 같이 TV시청 요령을 소개한다. 이는 비디오 시청에 있어서도 동일하게 적용될 수 있는 것이다.

첫째, 직접 경험의 기회를 확대할수록 좋다. 어린이들은 규칙적인 생활을 습관화할 필요가 있으며, 가능한 한 신체적 운동을 촉진하여 활발하게 행동하는 버릇을 들일 필요가 있다. 어린이들은 다양한 놀이를 통해 시간을 창의적으로 활용하는 습관을 들여야 한다. 또한 용도가 제한되어 있지 않은 장난감을 제공함으로써 어린이들의 창

〈표 18〉 TV 유용론과 TV 유해론

TV 유용론
1. TV는 훌륭한 선교사의 역할을 할 수 있다.
2. 오늘날 TV는 부모, 학교 교사, 주일학교 교사 이상으로 어린이들에게 교육적인 영향을 주는 좋은 선생님이 될 수 있다.
3. TV는 좋은 친구이다.
4. TV는 세상을 살아가는 데 필요한 정보를 얻는 창구이며, 정보를 제공한다.
5. TV는 직접 경험해 보기 어려운 다양한 사회적 관계를 경험하게 하고 일깨워 주는 좋은 인간 관계의 장이다.
6. TV는 올바른 민주 시민으로서의 자질과 안목을 기르는 데 도움을 줄 수도 있다.
7. TV는 복잡한 일상 속에서 정신적·육체적으로 고통받는 현대인들이 휴식을 취할 수 있도록 도와주는 오락 기재이다.

TV 유해론
1. TV는 복음적 가치관을 구현하기보다는 갖가지 비기독교적 대중 매체 가치관에 매달릴 수밖에 없다.
2. TV는 시청률 경쟁으로 대변되는 치열한 경쟁의 소용돌이 속에서 다양한 흥미거리를 양산하는 데 몰두하게 되는데, 이 중 가장 큰 두 가지의 문제가 바로 선정성과 폭력성이다.
3. TV는 지나친 소비주의와 잘못된 소비 관행을 부추기고, 일부 특수층의 과소비나 파행적 소비 패턴을 일반화시킨다는 점에서 문제를 찾을 수 있다.
4. TV는 계획적인 생활 리듬을 깨뜨리고 과도한 TV 시청과 몰입 시청을 하도록 유혹하기 때문에 대부분의 시청자들을 즉흥적이고 감각적인 생활을 하도록 유도한다는 점에서 경계가 필요하다.
5. TV는 시청자들에게 찰나주의, 한탕주의, 물질주의, 편의주의 등 현대 자본주의 사회 자체가 지니고 있는 각종 문제들을 지속적으로 그

> 릴 뿐 아니라 이를 시청자들이 따르도록 유도하고 있다고 할 수 있다.
> 6. TV는 한국인으로서의 정체성의 혼돈과 상실성을 유발하기도 한다.
> 7. TV는 기본 속성상 경제적으로나 권력 면에서 우월한 자 즉 지배 권력의 입장을 대변하고 이를 미화하려는 데 적극적이다.

(김기태, "현대 영상 문화의 특성과 교회에서의 대책", 대한예수교장로회총회교육부 &기독교아시아연구원, 바로 보는 미디어, 새로 쓰는 미디어, 서울: 한국장로교출판사, 1999, pp.18~22)

조력을 기르도록 유도하는 것도 현실 경험의 확대를 위해 유용한 방법이다. 가능한 한 상상력을 발휘할 수 있는 활동을 적극 권장할 필요가 있다. 어린이들은 이러한 놀이와 직접 경험을 통하여 인간 상호간의 사회적 관계를 촉진할 수 있을 것이다. 부모와 교사는 자녀와 함께 독서하는 기회를 자주 가지고, 읽은 내용을 중심으로 대화를 나누도록 함으로써 어린이들이 TV, 비디오 등의 시청에만 그들의 여가 시간을 보내지 않도록 해야 한다.

둘째, 적당한 TV 시청 시간을 유지하는 것이 필요하다. 하루에 일정량의 TV 시청 시간을 유지하도록 어린이들을 지도해야 한다. TV 안 보는 날을 정해 놓고 아예 TV 수상기를 치워 버림으로써 습관적으로 TV를 찾는 버릇을 고칠 수도 있다. 또한 주말 또는 특정한 날에만 TV 시청을 허용하는 방법도 있다. 그리고 이러한 방법들을 적절하게 절충할 수도 있다.

셋째, 어린이들이 프로그램 내용을 선별해서 시청하도록 도와야 한다. 균형 잡힌 프로그램 시청이 이루어질 수 있도록 노력한다. 특히 오락 위주의 프로그램에만 치우치지 않도록 한다. 교사와 부모들은 어린이들이 시청하는 프로그램과 비디오 테이프가 현실의 세계와 공상 또는 상상의 세계를 식별하기 어려운 프로그램인지를 살펴볼 필요가 있다. 어린이들이 프로그램 내용을 이해할 수 있는 수준인지를 평가 기준으로 삼아야 한다. 또한 TV 프로그램 내용 가운데서 발생된 문제를 해결하는 과정이 적절한지를 관찰할 수 있어야 한다. 또 중요한 것은 인간을 묘사하는 방법에 있어서 기독교적으로 문제가 없는지를 살펴보아야 한다. 언어 사용의 문제도 평가 기준이 될 수 있다. 광고 내용의 부적절성 여부도 평가 기준의 하나이다. 프로그램 시청 후 어린이들의 반응이 어떠한지를 관찰하여 평가 기준으로 삼아야 한다. 이러한 여러 가지 기준을 가지고 부모들은 자녀와 함께, 교사들은 자신의 학생들과 함께 토의하는 시간을 가지는 것이 효과적이다. 함께 토론하고 평가하는 가운데 어린이들은 TV 프로그램이나 비디오 테이프를 고르는 분별력을 배우게 될 것이고, 미디어 선택의 기준을 실제적으로 배우게 될 것이다. 어린이들이 매우 좋아하는 만화 역시 이러한 기준으로 평가하여야 할 것이다.

   컴퓨터는 위에서 언급한 TV나 비디오, 만화보다 한층 더 복잡하다. 컴퓨터는 장점 또한 많이 가지고 있으며, 해로운 점 역시 그 영향력이 매우 크다. 우선 컴퓨터는 어린이들의 발달에 많은 도움을 준다. 흔히 컴퓨터로 인해 어린이들의 사회성 발달이 저해된다고 생각하지만 그렇지 않다. 어린이들은 도와주기, 가르쳐 주기, 의논하기, 서로의 생각을 격려하기 등의 높은 의사 전달 수준과 협동을 컴퓨터 활동을 통하여 배우게 된다. 특히 적절한 소프트웨어가 제공되고 한 대의 컴퓨터를 두 명 또는 그 이상의 어린이가 함께 사용할 수 있는 환경이 제공되면 더욱 그러하다. 또한 컴퓨터 활동은 어린이의 자율성과 자아 존중감 및 의사 결정 능력을 행사하도록 도움으로써 정서 발달에 긍정적인 영향을 준다. 컴퓨터가 어린이들의 인지 발달에 도움이 되는 것은 당연하다. 컴퓨터 활동은 어린이들의 사고의 폭을 넓혀 주고, 문제 해결 능력을 키워 주며, 논리적이면서 새로운 방식의 사고를 가능하게 함으로써 어린이들의 지적 발달을 촉진한다. 또한 부모나 교사와 함께 또는 또래들과 함께 컴퓨터 활동을 하게 되면 언어 발달에도 많은 도움이 된다. 뿐만 아니라 어린이들은 컴퓨터를 사용하면서 소근육과 대근육을 발달시키는 기회를 갖게 된다.

이처럼 많은 장점들을 지니고 있는 컴퓨터 활동이 효과적이 되기 위하여서는 부모와 교사의 다음과 같은 도움이 필요하다. 우선은 부모와 교사가 먼저 컴퓨터에 익숙해져야 한다. 부모나 교사가 컴퓨터를 모르고서는 어린이들을 올바른 컴퓨터 사용의 길로 안내할 수 없기 때문이다. 어린이들의 컴퓨터 활동에서 가장 중요한 것은 어린이들에게 발달적·문화적으로 적합한 소프트웨어를 선택하여 제공하는 것이라 할 수 있다. 요즘 어린이들의 컴퓨터 활동은 너무 오락에만 치우쳐 있는 경우가 많다. 이는 어린이들에게 적절하고도 재미있는 소프트웨어가 제공되지 않기 때문이다.

적절한 소프트웨어 선정 기준은 다음과 같다. 첫째, 적절성이다. 소프트웨어가 어린이의 연령과 학습 목표에 적절한지 살펴보는 것이 필요하다. 또한 비기독교적인 편견이나 가치관이 담겨 있지 않은지에 대한 평가도 필요하다. 둘째 기준은 교육성이다. 소프트웨어가 어린이의 인지 발달과 사회성 발달에 도움이 되는지, 공격과 폭력 등은 없는지를 살펴보아야 할 것이다. 세번째는 흥미성이다. 어린이들이 재미있게 컴퓨터 활동을 할 수 있도록 그래픽과 음향 효과 등이 잘 되어 있는지를 보아야 한다. 특히 화려한 오락에 익숙한 어린이일수록 흥미성의 요소를 잘 갖추고 있는 소프트웨어가 필요하다. 넷째는 교수 방법의 적합성이다. 교수 방법이 어린이에게 적합한지, 교육적 전개 과정은 어떠한지, 어린이들에게 동기 유발을 하고 있는지, 또한 컴퓨터와 어린이가 상호 작용이 가능한지, 변화 과정의 관찰이 가능한지에 대해 세세히 살펴볼 필요가 있다. 마지막 기준은 학습자 지원이 잘 되어 있는지를 보는 것이다. 소프트웨어가 쉽고 편리한지, 결과가 인쇄 가능한지, 설명서가 활용하기 쉽도록 잘 되어 있는지 등을 살펴보는 것이 여기에 해당된다. 이러한 기준들을 가지고 있는, 어린이에게 적절한 소프트웨어를 선정하여 제공해 주어야 한다.

또한 중요한 것은 어린이들이 함께 컴퓨터 활동을 할 수 있는 환경을 마련해 주는 것이다. 특히 교회에서 이러한 시간을 가지는 것이 유익하리라 생각된다. 요즘의 어린이들은 컴퓨터를 통하여 혼자만의 시간을 너무 많이 갖고 있다. 그것은 컴퓨터의 폐해를 늘리는 이유가 된다. 어린이들이 함께 컴퓨터 활동을 한다면 적절한 사회성 발달과 함께 컴퓨터 활동이 주는 유익을 좀더 많이 누릴 수 있을 것이다. 교회에서 어린이들이 함께 컴퓨터 활동을 하는 시간을 제공하고, 교사가 어린이들을 관찰하여 적절한 도움을 제공한다면 어린이들은 큰 도움을 받을 수 있을 것이다.

인터넷의 사용은 부모의 주의를 더욱 필요로 한다. 인터넷은 그야말로 정보의 보고이며, 어린이들은 인터넷을 통하여 무한한 정보의 바다로 들어가고 또한 그것을 누리는 법을 배우게 된다. 그러나 인터넷 역시 여러 가지 위험한 요소들을 많이 가지고 있음을 우리는 익히 알 수 있다. 어린이들이 인터넷을 효과적으로 사용하게 하기 위하여서는 무엇보다도 부모나 교사와 함께 인터넷을 해보는 것이 좋다. 성인들이 올바른 인터넷 사용법을 가르치고 모범을 보일 때 어린이들이 그것을 배우게 될 것이다. 성인 사이트나 비기독교적인 사이트 등에 접속하지 못하도록 보안 장치를 하는 것 또한 필수적이다. 부모나 교사는 특히 PC통신을 사용하는 것이 효과적이다. 어린이들은 이메일로 연락받는 것을 매우 좋아한다. 부모나 교사들이 이메일을 잘 사용한다면 어린이들에게 하고 싶은 말을 효과적으로 전달할 수 있을 것이다.

어린이들에게 효과적인 미디어 교육의 한 부분은 미디어 일기를 쓰는 것이다. TV, 비디오 등을 시청한 후 그것에 대한 일기를 쓰도록 지도하는 것이다. 컴퓨터나 만화 역시 미디어 일기로 기록할 수 있다. 미디어 일기를 통하여 어린이들은 그들이 접한 미디어를 좀더 객관적으로 평가하고 그들의 행동을 조절하는 힘을 배우게 될 것이다. 또한 어린이들은 미디어 일기를 함께 나눔으로써 서로에게 도움이 될 수도 있을 것이다. 미디어 일기는 다음의 도표와 같은 형식을 갖추면 된다.

가정과 교회의 회복

위에서 언급한 대로 여러 가지 각도에서 미디어 교육이 가능하고 또한 필요하지만, 무엇보다 우선적으로 필요한 것은 가정과 교회의 공동체성의 회복이라 할 수 있다. 먼저 가정은 가장 기본적인 작은 단위의 신앙 공동체로, 신앙 교육에서 제일 중요한 장이다. 어린이들은 가정에서 옳고 그름을 배우고, 삶의 우선 순위를 배운다. 어린이들은 가정을 통해서 하나님과 자기 자신 그리고 다른 사람들을 사랑하는 진정한 하나님의 자녀로 양육받아야 한다. 어느 교육 기관

〈표 19〉 미디어 일기의 예

내가 오늘 만난 미디어는요 (O표를 하세요)	TV, 만화, 비디오, 영화, 컴퓨터, 인터넷, 컴퓨터오락, PC통신, 기타
내가 사용한 시간은	년 월 일 시 분~ 시 분
프로그램 이름	
줄거리와 내용은 이런 것이에요	
나의 생각과 느낌은 이랬어요	
나는 이렇게 바꾸고 싶어요	

도, 어느 미디어도 가정을 대신해서는 안 된다. 어린이들에 대한 미디어의 영향력이 커질수록 가정은 하나님의 본래의 목적에 맞는 신앙 공동체로서의 모습을 회복해야 한다. 미디어 시대에서 부모가 자녀를 교육하지 않는다면 미디어가 그 역할을 대신하게 될 것이다. 부모는 그러한 불상사가 일어나지 않도록 자녀 양육에 더욱 힘을 써야 할 것이다. 미디어 교육의 기초가 되는 세계관 교육은 가정에서부터 비롯된다. 가정이 어떠한 가치관을 가지고 살아가는가에 따라 어린이들의 세계관이 다르게 형성된다. 또한 가정은 모든 미디어가 만나는 장소이기도 하다. 가정이 신앙 공동체로서의 제 모습을 회복하고, 부모들이 올바르게 미디어를 사용하는 방법을 어린이들에게 가르친다면 그것이 바로 가장 효과적인 미디어 교육이 될 수 있을 것이다. 무엇보다도 부모의 모범이 중요하다. 부모들 스스로가 미디어를 올바로 사용하지 못한다면 어린이들은 부모의 가르침을 제대로 받아들이지 않게 될 것이다.

둘째로는 신앙 공동체로서의 교회의 회복이다. 교회는 그리스도를 머리로 하는 하나의 몸이다. 한 몸을 이루는 유기체인 것이다. 교회 교육은 지식의 산출이나 결과에만 관심을 갖는 일반 세속 교육보다는 하나의 몸을 이루는 예수 그리스도의 인격을 닮아 가는 사람들의 공동체를 산출하는 과정에 초점을 둔다. 따라서 생명을 지닌 유기체로서의 교회의 동력은 관계성에 있다. 많은 미디어가 발달하고 사람들이 미디어와 함께 보내는 시간이 많아질수록 사람들은 더욱 외로움을 느낀다. 사람은 인격적인 존재로서 서로 관계를 맺고 살아가도록 창조되었기 때문이다. 교회는 이러한 점을 정확히 인식하고, 사랑과 용서가 있는 진정한 공동체로서의 모습을 회복해야 할 것이다.

생각해 볼 문제

1. 이 장을 통해 미디어에 대해 새롭게 알게 된 것이 무엇인지 동료 교사들과 함께 이야기를 나누어 보세요.

2. 본인이 속한 교육 부서에서 미디어 교육이 이루어지고 있는지 살펴보고, 이루어지고 있지 않다면 어떻게 미디어 교육을 하면 좋을지에 대해 생각해 보세요.

3. TV 스타와 연예인을 좋아하는 어린이들을 어떻게 지도하면 좋을지에 대해 동료 교사들과 함께 토의해 보세요.

4. 교회 교육에서 미디어를 이용할 수 있는 방법에 대해 생각해 보세요.

5. 교사 자신과 또한 자신의 가정에서의 미디어 사용 실태를 점검해 보고, 개선되어야 할 점이 무엇인지 실제적으로 생각해 보고 계획을 세워 보세요.

9장
그리스도의 사랑으로

그러므로 우리가 이제부터는 아무 사람도 육체대로 알지 아니하노라 비록 우리가
그리스도도 육체대로 알았으나 이제부터는 이같이 알지 아니하노라
(고린도후서 5장 16절)

어린이를 가르치는 사역은 무척 중요한 일이지만, 또한 매우 힘든 일이기도 하다. 교사는 어떠한 동기를 가지고 이 가르치는 사역에 임해야 할까? 무엇이 교사에게 가르치는 사역에 대한 동기를 제공할까? 가르침의 사역은 많은 노력과 시간과 물질을 필요로 한다. 아무도 감사하다는 말을 하지 않음에도 불구하고 교사는 매주 아침마다 일어나 어린이에게로 나아간다. 어떠한 힘이 교사로 하여금 계속 나아가게 하는 것일까? 로베르타 헤스테네스(Roberta Hestenes)는 고린도후서 5장 14~21절을 그에 대한 해답으로 제시한다.

그리스도의 사랑이 우리를 강권하시는도다 우리가 생각건대 한 사람이 모든 사람을 대신하여 죽었은즉 모든 사람이 죽은 것이라 저가 모든 사람을 대신하여 죽으심은 산 자들로 하여금 다시는 저희 자신을 위하여 살지 않고 오직 저희를 대신하여 죽었다가 다시 사신 자를 위하여 살게 하려 함이니라 그러므로 우리가 이제부터는 아무 사람도 육체대로 알지 아니하노라 비록 우리가 그리스도도 육체대로 알았으나 이제부터는 이같이 알지 아니하노라 그런즉 누구든지 그리스도 안에 있으면 새로운 피조물이라 이전 것은 지나갔으니 보라 새것이 되었도다 모든 것이 하나님께로 났나니 저가 그리스도로 말미암아 우리를 자기와 화목하게 하시고 또 우리에게 화목하게 하는 직책을 주셨으니 이는 하나님께서 그리스도 안에 계시사 세상을 자기와 화목하게 하시며 저희의 죄를 저희에게 돌리지 아니하시고 화목하게 하는 말씀을 우리에게 부탁하셨느니라 이러므로 우리가 그리스도를 대신하여 사신이 되어 하나님이 우리로 너희를 권면하시는 것같이 그리스도를 대신하여 간구하노니 너희는 하나님과 화목하라 하나님이 죄를 알지도 못하

신 자로 우리를 대신하여 죄를 삼으신 것은 우리로 하여금 저의 안에
서 하나님의 의가 되게 하려 하심이니라

    가르치는 사역이 그토록 어려운 일임에도 불구하고 교사들이 계속할 수 있는 것은 그리스도의 사랑 때문이라는 것이다. 교사에게 가르침의 동기를 주는 것은 하나님이 우리를 돌보시고 계시고, 우리를 향하신 사랑의 증거로서 그리스도께서 우리 가운데 오셨으며, 우리 자신이 사랑을 받고 있다는 사실을 실재적으로 이해하는 것이다. 우리는 선택되었고, 그의 소유가 되었다. 우리는 하나님의 아들과 딸로서 주신 정체성을 가지고 있다. 우리는 복음 안에서 용서받았고, 정결케 되었고, 새롭게 되었다. 우리는 하나님께서 우리들에게 주신 은사들을 받은 사람들이다. 그는 성령의 은사를 아끼지 않고 주셨다. 성령께서 우리 각자 안에 독특한 은사를 주셨다. 그리스도의 사랑이 우리를 붙들고 계시는 것이다.
    교실로 들어갈 때에 교사는 더 이상 교실에서의 교사의 역할이 대장이 되는 것이나 어린이들을 일종의 기계처럼 다루는 것이라 생각해서는 안 된다. 교사는 예수 그리스도의 사랑 때문에 계속 나아가야 한다. 그 사랑이 교사를 강권하시므로 우리는 가지 않을 수 없는 것이다.
    위의 본문 16절은 이렇게 증거한다. "그러므로 우리가 이제부터는 아무 사람도 육체대로 알지 아니하노라 비록 우리가 그리스도도 육체대로 알았으나 이제부터는 이같이 알지 아니하노라." 이 구절에서 교사는 교실에 있는 어린이들과 함께 사역하는 동료 교사들을 어떻게 봐야 하는지에 대한 통찰을 얻을 수 있다. 교사는 흔히 하나님 안에서 기뻐하는 아이들에게 조용히 하라고 경고하기 쉽고, 활동적이고 질문하려 하며 나름대로의 어려움에 빠져 있는 어린이들을 문

제아로 보기 쉽다. 그러나 본문은 교사들에게 모든 사람을 예수 그리스도를 통해 봐야 한다고 가르친다. 소망이 없는 어린이들이란 없다. 하나님의 사랑의 원에서 제외된 사람은 없다. 그러므로 교사는 예수 그리스도의 관점에서 모든 사람은 소중하고 중요하며 가치 있다는 사실을 배우고, 그렇게 보려고 노력해야 할 것이다. 교사는 그리스도의 사랑을 배우고 또한 그리스도의 시각으로 바라봄으로써 이렇게 기도해야 한다.

"하나님, 나를 사랑으로 가르치소서. 내게 당신의 마음을 주시옵소서. 이 아이들을, 동료 교사들을 하나님의 관점으로 바라볼 수 있도록 날 도와주소서."

❓ 생각해 볼 문제

1. 교사의 경력에 따라 가르침의 동기들이 어떻게 변해 가는지 동료 교사들과 함께 이야기를 나누어 보세요.

2. 그리스도의 사랑을 품고 어린이들을 꾸준히 가르치기 위하여 교사들이 어떠한 노력을 해야 할지 생각해 보세요.

참고 문헌

1. 권용근, "누구를 교육할 것인가?", 고용수 외, 기독교 교육 개론(1), 서울: 한국장로교출판사, 1995.
2. 김희자, 정보화 사회와 기독교 교육, 서울: 총신대학교출판부, 1996.
3. 케네스 갱글 & 하워드 헨드릭스 외, 참된 기독교 교육자를 만드는 교수법, 유명복, 홍미경 역, 서울: 파이디온선교회, 1994.
4. 게네 게츠 "아동 교육에서 가정의 역할", 로버트 클락 & 로이 주크 공편, 교회의 아동 교육, 신청기 역, 서울: 생명의 말씀사, 1989.
5. 대한예수교장로회총회교육부 & 기독교아시아연구원, 바로 보는 미디어, 새로 쓰는 미디어, 서울: 한국장로교출판사, 1999.
6. 마크 드브리스 청소년 사역, 이젠 가정이다, 오화선 역, 서울: 성서유니온, 2000.
7. 길버트 비어스 "아동에 대한 신학적 개념 교육", 로버트 클락 & 주크 로이 공편, 교회의 아동 교육, 신청기 역, 서울: 생명의 말씀사, 1989.
8. 설은주, "가정과 기독교 교육", 서울신학대학교 기독교교육연구소 편, 기독교 교육 개론, 서울: 기성출판부, 1994.
9. 퀸틴 슐츠, 미디어 시대, 당신의 자녀는 안전한가?, 김성녀 역, 서울: 한국기독학생회출판부, 1997.
10. 톰 & 조아니 슐츠, 지루함을 깨뜨리는 가르침의 기술, 마영례 역, 서울: 디모데, 2000.
11. 이정효, "기독교 교육에서의 교수법", 한국기독교교육학회 편, 기독교 교육, 서울: 대한기독교교육협회, 1996.
12. 포히트 오스카, "아동에 대한 사회의 영향", 로버트 클락 & 로이 주크 공편, 교회의 아동 교육, 신청기 역, 서울: 생명의 말씀사, 1989.
13. 맥 다니엘 엘시베드, "유년부 아동에 대한 이해", 로버트 클락 & 로이 주크 공편, 교회의 아동 교육, 신청기 역, 서울: 생명의 말씀사, 1989.
14. 노만 웨이크필드, "아동과 신학적 개념", 로버트 클락 & 로이 주크 공편. 교회의 아동 교육, 신청기 역, 서울: 생명의 말씀사, 1989.
15. 도널드 조이, "아동 교육의 이유", 로버트 클락 & 로이 주크 공편, 교회의 아동 교육, 신청기 역, 서울: 생명의 말씀사, 1989.

16. 로버트 클락 "어린이 학습자", 베르너 그랜도르 편저, 복음주의 기독교 교육론, 서울: 기독교문서선교회, 1995.
17. 제임스 파울러, 신앙의 발달 단계, 사미자 역, 서울: 한국장로교출판사, 1987.
18. 로날드 하버마스 & 클라우스 이슬러, 화목을 위한 가르침, 김성웅 역, 서울: 디모데, 1997.
19. 윌리암 하번, "학습 지도 방법", 베르너 그랜도르 편저, 복음주의 기독교 교육론, 서울: 기독교문서선교회, 1995.
20. 마조리 소더홀름, "초등부 아동에 대한 이해", 로버트 클락 & 로이 주크 공편. 교회의 아동 교육, 신청기 역, 서울: 생명의말씀사, 1989.
21. John M. Dettoni, "Faith Development in Children" Theology, News and Notes, march, 1987. 11.
22. Roberta Hestenes, "The Spiritual Formation of the Christian in Ministry" Theology, News and Notes, march, 1987. 5.
23. Mel Howell, "Pastoral Care of Children" Theology, News and Notes, march, 1987. 9.
24. Norman Wakefield, Childhood Education in the Church, Moody Press, 1986.

기독교 교육총서 21
정보화 시대의
기독교 어린이 교육

초판인쇄일 2003년 3월 25일
초판 2쇄일 2007년 3월 30일

지은이 김희자 교수

편집 대한예수교장로회총회 교육부
제작 대한예수교장로회총회 출판부
발행 대한예수교장로회총회

주소 서울 강남구 대치3동 1007-3
전화 (02) 559-5655~6
팩스 (02) 564-0782
홈페이지 www.holyonebook.com

출판등록 가 제3-117호 1977. 7. 18
　　　　　ISBN 89-8490-063-X 04230
　　　　　ISBN 89-88327-33-0 (세트)

ⓒ 2003, 대한예수교장로회총회

※ 잘못된 책은 바꾸어 드립니다.